*Buch*

Maria Theresia, die First Lady von Österreich, der anderen europäischen Großmacht auf deutschem Boden, hatte Haare auf den Zähnen. Sie hetzte ständig gegen Preußen und klempnerte emsig an irgendwelchen Komplotten gegen Superfriedrich herum. Sie wollte die Großimmobilie Schlesien wiederhaben. Schließlich gelang es ihr, Frankreich, Rußland, Schweden und die meisten Staaten des restdeutschen Reiches gegen Preußen und Gewinnbeteiligung aufzuwiegeln. Ein siebenjähriges Blutverspritzen war die Folge (1756–63). Die erste Runden gingen dabei an Preußen. Doch 1759 wurde bei Kunersdorf fast die gesamte preußische Armee aufgemischt. Die Engländer, die bisher Preußen gepuscht hatten, bekamen irgendwie langsam Muffe und stornierten ihre Militärhilfe. Superfriedrich wäre sang- und klanglos eingestampft worden, hätte Rußland nicht ausgerechnet jetzt die Brocken hingeworfen und Frieden mit Preußen geschlossen. Peter III., dem Nachfolger von Kaiserin Elisabeth von Rußland, die 1762 abnibbelte, verdankte Superfriedrich die überraschende Wende. Als dann auch Frankreich keinen Bock mehr hatte und die Überweisungen an Österreich strich, einigte man sich auf ein Unentschieden. Superfriedrich durfte Schlesien behalten.

*Peter Fuchs*

# Tausend Jahre pickelhart

## Deutsche Geschichte total ausgerastet

GOLDMANN VERLAG

Der Goldmann Verlag
ist ein Unternehmen der Verlagsgruppe Bertelsmann

Originalausgabe

Made in Germany · 6/88 · 1. Auflage
Herausgegeben von Heinrich Mehrmann
© und sämtliche Nebenrechte bei
B & N »Bücher & Nachrichten« (Bärmeier & Nikel)
Verlags GmbH & Co. KG, Am Urselbach 6,
6000 Frankfurt/Main 50
Umschlaggestaltung: Design Team München
Satz: Filmsatz Schröter GmbH, München
Druck: Pressedruck, Augsburg
Verlagsnummer: 9076
Herstellung: Peter Papenbrok
Lektorat: Christoph Göhler
ISBN 3-442-09076-8

# Null Bock um Null herum

Zu einer Zeit, als rund ums Mittelmeer kulturmäßig schon volles Programm geboten wurde, also jetzt nicht Neckermann-like oder so, sondern total echt antik, also da lungerten die ollen Germanen und Kimbern und Teutonen und Cherusker und Wandalen und wie sie alle hießen, noch auf ihren Bärenfellen herum, hausten in Erdlöchern und ließen den großen Boß einen coolen Macker sein. In Griechenland gab es schon intellektuelle Klugscheißer, während in teutonischen Gefilden die Dumpfmaier noch nicht mal den aufrechten Gang erfunden hatten. So hat zum Beispiel ein gewisser Thales von Milet im Jahre 585 unter Null eine Sonnenfinsternis vorausgesagt, die dann auch volle Kanne abgegangen ist, wie irgendwelche alten Scherben belegen (Abb. 1).

*Abb. 1 Thales von Milet, ein griechischer Sternenfreak, während des von ihm vorhergesagten Sonnenblackouts.*

*Abb. 2 Während desselben Blackouts, Angehörige des Volksstammes der Kimbern beim Pimpern.*

Haargenau dieselbe Action beeindruckte ein paar schlappe tausend Kilometer weiter nördlich die hinterwäldlerischen Kimbern überhaupt nicht. Die dachten, es ist eine Nacht wie jede andere, und überhaupt wollten sie meistens nur das eine: Pimpern (Abb. 2). Außerdem war's bedeckt.

Ein anderer griechischer Eierkopp, Archimedes (287–212 unter Null), oder Archi, wie seine Frau ihn nannte, erfindet den Flaschenzug, bevor es die ersten Flaschen gab. Irre, was? (Abb. 3). Damit wird er zu einem der frühen Trendsetter in der Geschichte, denn die Erfindung der Flasche war von da an nur noch eine Frage der Zeit. Und davon gab es echt to much.

*Abb. 3   Archimedes checkt, daß man mit einem Flaschenzug auch Amphoren hochleiern kann.*

Zeitgleich mit den Sternstunden menschlicher Denkakrobatik im südlichen Europa spielte sich in den schattigen Regionen Mitteleuropas kulturell nicht die Bohne ab. Total tote Hose, wie der Latriner sagt (Abb. 4).

*Abb. 4   Niveaumäßige Nullentfaltung in Mitteleuropa.*

Wie wir aber alle wissen, bleibt das Ersatzrad der Geschichte nicht stehen. So auch in diesem Fall. Eine Hochkultur jagt die andere. Der Wechsel fand absolut durchgestylt statt. Auf einem tierisch hohen Niveau schlugen die Römer den Griechen den Schädel ein. Z. B. 146 unter Null, als sie Korinth alle machten. Danach waren die Griechen weg vom Fenster und sahen alt aus (Abb. 5).

Abb. 5   *Die römische Kultur (rechts) zeigt deutlich mehr Power als die griechische (links).*

Von jetzt ab waren die Spaghettis die Kings. Sie sackten alles ein, was so an High-Culture seinerzeit zu haben war, und machten daraus römische Provinzen. Selbst Gallien (heute:

Abb. 6   *Heidnischer, unkultivierter Teutone bei der Futteraufnahme.*

Frankreich) und Britannien (heute: Great Britain) gehörten dazu und halb Germany (heute: BRD). Die andere Hälfte (heute: DDR) ließ sich nicht kultivieren (Abb. 6).

Aus dieser actionreichen Zeit sind viele kulturelle Errungenschaften hervorgegangen, ohne die wir im Hier und Jetzt ganz schön Banane dastehen würden. Denkt bloß mal an die ganzen abgefahrenen Charakterwerte, wie Genügsamkeit, Pflichtgefühl, Disziplin, mit denen uns die zeitgenössischen Vorturner heute noch in den Ohren liegen. Forget it! Nicht zu vergessen die schweinegeilen Freß-, Sauf- und sonstigen Gelage (Abb. 7). Die heuer genauso angesagt sind wie ehedem. Ich sage nur: Zustände wie im alten Rom! Aber bitte mit Gummi, wie? Heutzutage weiß man ja nie, ey . . .

Abb. 7   Abgefuckter römischer Freßorgien-Teilnehmer.

Was die Romans auch saugut drauf hatten, war die Kunst zu leben, vor allem auf anderer Leute Kosten. Das hielt sie jedoch nicht davon ab, die schönen Künste zu sponsern, im Gegenteil (Abb. 8).

Abb. 8  Kreativer Römer managt die Anfertigung eines Mosaikfußbodens (frühes Groß-Puzzle).

Dafür, daß wir heute die sechsspurigen Highways langbrettern können, haben die Uralt-Römer mit ihren Top-Leistungen im Straßenbau die Grundlagen gepflastert (Abb. 9).

Abb. 9  Römische Tiefbau-Malocher in Action.

Wer von euch Pappnasen hätte gedacht, daß selbst die Proleten eine Erfindung der arbeitsscheuen Römer waren. Das lief folgendermaßen: Durch den ewigen Kriegsdienst landlos gewordene Klein-Agrarökonomen taperten völlig frustriert nach Rom, wo sie auch nur rumhingen und sich sinnlos vermehrten. Diese Nachkommen (lateinisch: Proles) waren das einzige, was sie reichlich hatten. Die ganze Blase war total auf staatliche Stütze angewiesen. Die gab's aber nur fürs Männchen machen. Kommt uns irgendwie bekannt vor.

*Abb. 10   Römischer Obermotz beim Stimmenabzocken.*

Also die Prolis hatten echt null Chance, aus dieser sozialen Rückenlage herauszukommen. Aber die haben sie voll genutzt, indem sie dem Barras auf den Leim krochen. Nach lächerlichen

*Abb. 11   Römischer Prolo ist irre happy von wegen der Patte für langjährige treue Dienste und so.*

25–30 Jährchen Arschaufreißen bekamen sie einen Batzen Knete bar auf die Kralle, mit der sie für den Rest ihrer Tage schottermäßig über die Runden kamen (Abb. 11).

Bei »Freizeit« denkt doch jeder gleich an modern times und hier und heute und anders reisen und so. Pustekuchen. Die Hälfte aller Tage in Rom waren Feiertage. Und da die meisten Einwohner Roms in baufälligen Wohnsilos aufbewahrt wurden, ließen sie an Feiertagen die Sau lieber im Zirkus oder im Amphitheater raus. Glotze gab's ja damals noch nicht, also machten sie sich ihre Horror-Videos live (Abb. 12).

*Abb. 12   Mit Brot und Spielen schlagen die Römer die Zeit tot.*

*Abb. 13   Hermann der Cherusker zeigt den Römern, wo der Hammer hängt.*

Na ja, weiß der Geier, irgendwie haben irgendwelche germanischen Sackgesichter draußen im Walde getickt, daß die Römer irgendwann kampfgeistmäßig nicht mehr voll auf der Höhe waren. Hermann der Cherusker bescherte uns mit dem großen Lateiner-Plattmachen im Teutoburger Wald (9 über Null) die erste erwähnenswerte teutonisch-kulturelle Action (Abb. 13).

# Das große Volkswandern

Schon 386 Lenze später zerbröselte daraufhin das Maccaroni-Imperium in ein oströmisches (Hauptstadt: Konstantinopel) und ein weströmisches Reich (Hauptstadt: Rom). Da ihnen aus'm Osten die Hunnen auf die Pelle rückten, verkrümelten sich die Germanen nach Westen und Süden, mittenmang ins Römische Reich. Ausgekocht, wie sie waren, haben sie zuerst mit den Römern zusammen die Hunnen aufgemischt (451 das Schlachten auf den katalaunischen Feldern), um kurz darauf (476) den letzten weströmischen Kaiser, Romulus Augustulus, in die Wüste zu schicken. Besorgt hat das irgend so'n germanischer Söldnerführer, Odoaker oder so (Abb. 14).

*Abb. 14    Big Odoaker serviert ultracool den letzten west-römischen Ober-Zampano ab.*

Abb. 15  Kultur-Mix.

Und weil die germanischen Holzköpfe sozusagen gerade erst dem Urwald entsprungen waren, zogen sie sich voll den romanischen way of live und das große Latinum rein (Abb. 15).

Was soll ich euch sagen, kaum daß sie Bap sagen konnten, fingen sie auch schon an, Seifenopern zu produzieren, die Germanen. Die Nibelungen-Story war der erste große Hit in dieser Richtung, echt ätzend! Ihr wißt doch, das Epos mit dem blonden, blauäugigen, aber'n bisserl doofen und starken Drachen-Killer Siegfried, dem Erfinder des Blutbades (Abb. 16). Insgesamt ein schwülstiges Melodram, das voll aufs Gemüt drückt, aber irgendwo doch das Volkswander-Chaos rüberbringen soll.

Abb. 16   Nachdem er den Drachen geschafft hat, nimmt Siggi total relaxed ein warmes Blutbad.

*Abb. 17   Die Franken gewinnen das Volkswandern.*

Überhaupt, dieses Volkswandern war 'ne ganz merkwürdige Kiste. Das muß man sich mal reintun: Da krebsen Millionen von Ureinwohnern fast 1000 Jahre hektisch durch ganz Europa und wieder zurück und haun sich dabei ständig gegenseitig auf die Mütze, alle auf der Suche nach dem Gelben vom Ei. Na ja, was soll's – gewonnen haben jedenfalls die Franken, irgend so'n germanischer Stamm (Abb. 17).

Eine Weile später hat dann einer von diesen Franken voll seinen autoritären Mackertrip durchgezogen und alle mit Gewalt vereint. Natürlich machte er sich zum Häuptling, is ja klar (Abb. 18). Der Macho hieß übrigens Chlodwig der Merowinger (482–511).

*Abb. 18   Die Franken werden von Chlodwig zusammengerauft.*

Nachdem sie noch ein letztes römisches Teilreich (486) und das tolosanische Westgotenreich (507) niedergemacht hatten, reichte das Frankenreich bis zum Atlantik. Danach war erstmal Innerlichkeit angesagt. Chlodwig ließ sich mit 3000 seiner Gorillas taufen (Abb. 19).

*Abb. 19   Chlodwigs große Tauforgie.*

Dieses Happening stellte sich als cleverer Werbegag für das Christentum heraus, das sich anschließend virusmäßig ausbreitete. Der dadurch bedingte akute Bischofsmangel wurde durch die Einfuhr von ausländischen Gastmissionaren aufgefangen. Der erste deutsche Erzbischof war ein abgefuckter Engländer. Papst Gregor II. drückte 732 den noch heidnischen Stämmen jenseits des Rheins selbigen Tommy auf. Er hieß Winfried, genannt Bonifatius. Der Typ hat sich voll reingeschafft in den Job und Unmengen von Heiden für das Christentum angeworben (Abb. 20). 744 eröffnete er das Kloster Fulda.

*Abb. 20    Ein Engländer macht die christliche Message in Germany irre populär.*

So um 751 herum ging es mit den Merowingern steil bergab. Sie wurden pickelhart von ihren Hausmeiern ausgetrickst. Hausmeier nannte man die königlichen Verwaltungshengste. Karl Martell war einer von ihnen. Seit er 732 die Araber bei Tours und Poitiers verscheuchte, galt er als der heimliche Chef-Ansager im Land. Völlig logo, daß er seine Beziehungen spielen ließ und seinen Sohn Pippin auf einen formalrechtlich abgesicherten Thron setzte. So mit Papstsegen und Salben durch Bonifatius und Charisma und dem ganzen Brimborium. Das alles war natürlich nicht für Null-Ouvert zu haben. Ein, zwei Feldzüge, um das Herrschaftsgebiet des Papstes über Rom und Ravenna gegen die raffgierigen Langobarden zu schützen, mußten da schon drin sein (Abb. 21). Also, Pippin schenkte dem Papst Zacharias quasi den Vatikan und bekam von diesem das Charisma, das heißt den Herrschaftsanspruch von Gottes Gnaden, zugeschustert. – Der schlaffe merowingische Scheinkönig Childerich wurde zum Skin-Head rasiert und in einem tödlich langweiligen Kloster endgelagert.

*Abb. 21   Pippin und der Papst machen ihren Deal perfekt.*

# Karl ist der Größte

Kaum hatte Pippin den Löffel abgegeben, wurde sein Reich 768 unter seinen beiden Söhnen Karlemann und Karl aufgeteilt. Merkwürdigerweise ging Karlemännchen auch recht bald über den Jordan (771). Die fernsehkrimierfahrenen Freizeitkommissare werden sich jetzt sicher ihren Teil denken. Den damaligen Zeitgenossen war der Vorgang nicht mal ein müdes Arschrunzeln wert. Karl übernahm die Alleinherrschaft, und damit war die Sache gegessen. In diesem Sinne verfolgte er seinen Egotrip gnadenlos weiter. Er hatte es unheimlich gut drauf, seine astreine imperialistische Großmachtpolitik als Verbreitung von Kultur und Christentum zu verkaufen (Abb. 22). Zum Beispiel dem Sachsenkönig Widukind:

*Abb. 22 Karl der Große verklickert Widukind das Christentum.*

Im Jahre 774 vermöbelte Karl die Langobarden, die den Papst ständig nervten, noch mal kräftig und machte sich gleich in einem Aufwasch zum Oberkopf der Franken und Langobarden. Clever, wie er war, steckte er Papst Leo erneut die sogenannte Pippinsche Schenkung zu. Dieser checkte sofort den Wink mit dem Fahnenmast und krönte Karl im schülerfreundlichen Jahr 800 (leicht zu merken!) zum ersten deutschen Kaiser. Das alles spielte sich zu Weihnachten in Rom ab. Als Bescherung verlieh Leo unserm Karl noch den Titel »Patricius Romanus« (Schutzherr Roms). Anschließend zogen sie ein tierisches Gelage ab.

Abb. 23  Karl der Große (links) und Leo der Papst nach der erfolgreichen Krönungs-Show.

*Abb. 24   Charly der Große bringt den Teutonen lateinische Kultur bei.*

Bis 814 regierte Karl im ganzen Frankenreich herum, was das Zeug hielt. Er hatte keinen festen Wohnsitz und strich mit seiner Gang ständig durch die Botanik. Hier wurde ein bißchen Willkür ausgeübt, dort ein wenig Schutzgeld (sprich: Steuer) eingetrieben. Was man halt so braucht als Landstreicher-König mit großem Anhang. Die vielen Geistlichen und Verwaltungsangestellten, die Handlanger und Söldner mußten täglich abgefüttert werden. Um diesen Bedarf leichter zu befriedigen, ließ Karl »Pfalzen« anlegen. Man kann sie als frühe königliche Nobelabsteigen bezeichnen. Zusätzlich wurde hier auch der ganze Verwaltungskram für den königlichen Großgrundbesitz erledigt. Im pausenlosen Erlassen von Anordnungen war Karl der Große besonders groß. Von der Buchführung bis zur Anlage eines Kräutergartens, überall mußte er seinen Senf dazugeben. Und wenn er selbst verhindert war, spulten sich die Grafen für ihn auf, die er extra für diesen Zweck erfunden hatte. Echt schizo war dabei, daß der erste deutsche Kaiser fast total in lateinischer Sprache regierte. Er war ein glühender Hardcore-Fan der römischen Kultur und ackerte wie ein Blöder, um die antiken Traditionen auch nördlich der Alpen populär zu machen (Abb. 24).

In Aachen ließ er eine 32 m hohe sechzehneckige Pfalzkapelle
aus dem Boden stampfen, die dann die meiste Zeit leerstand.
Und wegen der warmen Quellen mußte natürlich ein supergeiler, riesiger Marmor-Swimmingpool her. Na ja, und welche
antiken Traditionen da getrieben wurden, dürfte mit etwas
schmutziger Phantasie leicht zu erraten sein. Karl kam als einer
der ersten auf die Idee, Tiere in Gehege zu sperren und auszustellen. Damit erfand er den zoologischen Garten und wurde
quasi nebenbei der erste Zoodirektor Deutschlands.

Auch Karl der Große konnte es sich nicht verkneifen, diese
schnöde Welt mit einer Frucht seiner Fleischeslust zu beglücken. Ludwig der Fromme hieß der Knabe, dem Karl den ganzen
Laden vererbte. Der Name sagt ja schon alles, das konnte nicht
gutgehen. Pfarrers Plagen, Müllers Küh', gedeihen selten oder
nie. Trotz seines Namens gelang es Ludwig erstaunlicherweise

*Abb. 25    Karl der Kahle (links), Ludwig der Deutsche (rechts) und
Lothar der Ältere (Mitte) teilen ihr Erbe brüderlich.*

doch irgendwie, drei Bälger in die Welt zu setzen. Die haben
sich aber schon zu seinen Lebzeiten um das Erbe gefetzt. Offensichtlich konnte Ludwig seine Frömmigkeit nicht richtig rüberbringen. Aber andererseits wären ohne diesen trivialen Erbschaftsknatsch nicht so stolze Nationen wie Deutschland,
Frankreich und Lothringen entsprungen. So hat jede Medaille

auch ihre schattigen Seiten. Wie dem auch sei, jedenfalls haben sich Ludwig der Deutsche und Karl der Kahle zusammen gegen ihren älteren Bruder Lothar ganz fürchterlich um das Frankenreich ihres Daddys gebalgt. Alles in Gottes Namen, versteht sich.

Nachdem ihr Alter, Ludwig der Fromme, den Abgang gemacht hatte, krallte sich Karl den West- und Ludwig den Ostteil der Ländereien. Für Lothar blieb der schäbige Mittelstreifen, von der Nordsee bis Italien. Und selbst den haben sie Lothars Kindern wieder abgezockt. Ihre eigene Brut hat ihnen kräftig dabei geholfen. Als historisches Ergebnis von dem ganzen Trouble ist schließlich Deutschland und Frankreich hinten herausgekommen und Lothringen als ständiger Krisenherd. Selbstverständlich wurde der Gedanke der Einheit des ganzen Frankenreiches noch gnadenlos hochgehalten.

# Die drei Ottos

Wie ihr vielleicht geschnallt habt, kamen nach dem großen
Karl, königsmäßig betrachtet, nur Luschen. Eigentlich könnt ihr
sie vergessen, aber von wegen der Vollständigkeit sollen sie
hier aufgelistet werden. Was soll's!

*Abb. 26  Konrad I. von Franken wird
911 zum König gewählt. In Forchheim. Welch ein Abstieg in die
2. Liga. Karl der Große wurde immerhin in Rom zum Kaiser gekrönt. Und
hier wird jemand in Forchheim
(unfaßbar!) zum König (lächerlich!)
gewählt (Igitt!). Und das auch nur,
weil der Gegenkandidat der französische Karolinger Karl der Einfältige
war.*

*Abb. 27  Heinrich I. von Sachsen
wird von Konrad auf den allerletzten
Drücker (Sterbebett!) zu seinem
Nachfolger befördert. Er wird 919 in
Fritzlar standesamtlich gekrönt. Auf
die kirchliche Salbung und Krönung
hatte er keinen Bock. Immerhin hat er
den Ungarn einen Waffenstillstand
abgekauft (926) und sie 933 vernichtend ausgeknockt. Er hat Lothringen
heim ins Ostreich geholt und ist auf
dem Weg nach Rom zu seiner Kaiserkrönung 936 verschieden (Pech!).*

Die Zeit war mal wieder überreif für einen richtig großen Otto.
Und der kam dann auch prompt in Gestalt von Otto dem
Großen und Ersten daher (936). Wie alles Große, so hat auch
Otto klein angefangen, indem er als Sohn seiner Eltern ins
Vorhandensein trat. Vater war Heinrich der I., und die Mutter
hieß Mathilde (Abb. 28).

*Abb. 28   Ottos Neigung zu Großem im allgemeinen wurde früh erkannt und durch diverse Privattrainer und professionelles Management des Elternhauses gezielt gesponsert. Schon in den ersten Jahren als anschaffender König hat er die üblichen Gemetzel auf Anhieb gewonnen und die Slawen bis zur Oder zinspflichtig christianisiert. Dies gab zu berechtigten Anlässen Hoffnung. Von jetzt ab waren wieder Rauben und Brandschatzen angesagt, um die Nachbarn von den friedlichen Absichten eines kultivierten, christlichen, deutschen Königs zu überzeugen, der das Beste von allen wollte.*

Der ganze Zauber wurde natürlich nur im Interesse Großdeutschlands veranstaltet, was sich erstaunlich gut mit den eigenen Perspektiven deckte. Als da waren Macht, Luxus und jede Menge Fun. Aber wem sag' ich das? Und was glaubt ihr, wie sowas zu haben ist?!!! Genau! . . . Immer feste drufff! Z. B. 938 auf Eberhard von Franken und Eberhard von Bayern. Beide in einer Saison kaltgestellt. Ottos Bruder Heinrich, Herzog Giselbert von Lothringen und Herzog Eberhard von Franken regten sich fürchterlich darüber auf und wetzten die Messer. Otto der Große paktierte mit Hugo dem Großen, und schon hub das nächste Hauen und Stechen an. Nun, Otto der Große wäre nicht selbiger geworden, hätte er nicht auch dieses Match für sich entschieden. Eberhard wurde abgestochen, Giselbert ersoff im Rhein, und Franken wurde für immer mit der Krone vereint. Das war 939. Ein Jahr später ging es ohne Atempause munter weiter. Otto zog nach Frankreich und rückte Ludwig IV. auf die Pelle. Er nahm ihm Lothringen ab und schenkte es 944 dem Grafen Konrad vom Wormsgau, als dieser Ottos Tochter Liutgard vor den Altar schleifte (Abb. 29).
Jener Konrad wußte diese milde Gabe aber nicht richtig zu schätzen. Aus irgendwelchen privaten Gründen muckte er auf und putschte mit dem Erzbischof von Mainz, Liudolf von

*Abb. 29 Otto der Große schenkt seinem Schwiegersohn Konrad Lothringen als Starthilfe für das junge Glück.*

Schwaben, und einem Teil des sächsischen Adels gegen Otto. Anfangs hatten die Dissidenten auch die Trümpfe im Ärmel. Doch ein für diese Jahreszeit untypischer Ungarneinfall wendete die Partie zu Ottos Gunsten. – Was lernen wir daraus? Ein bißchen Schwein braucht auch der größte Otto.

Die Goldmedaillie für deutsche Könige rückte in greifbare Nähe: die Kaiserkrone in Rom, vom Papst persönlich geleast. Doch ehe es so weit kommen konnte, mußten noch einige überzeugende Entscheidungsmassaker inszeniert werden. Die stets aufdringlichen Ungarn eigneten sich bestens für diese Zwecke. 955 belagerten deutlich mehr Ungarn als sonst Augsburg. Otto leitete den Einsatz der germanischen Hundertschaften. Der Erfolg war durchschlagend, die Ungarn wurden auf ihre Plätze verwiesen, und zwar so nachdrücklich, daß sie dort auch seßhaft wurden. Otto konnte die bayrische Ostmark (heute: Österreich) unter Haben eintüten, und wenn Olle-Otto mal so richtig im Unterwerfen drin war, dann fand er kein Ende mehr. Noch im selben Jahr hat er fast alle Slawenstämme im heutigen Brandenburg, Mecklenburg und Vorpommern domestiziert. Zwei Jahre später ruft ihn Papst Johann XII. gegen den bösen Berengar II. zu Hilfe. Dreimal dürft ihr raten, wer gewonnen hat. Als Dankeschön drückte ihm der Papst in Rom im Jahre 962 die Kaiserkrone des Deutschen Reiches Römischer Nation zwischen die Ohren. Es war vollbracht (Abb. 30).

*Abb. 30   Otto der Große nach der Krönungsparty.*

Obwohl Otto die Pippinsche Schenkung verlängerte, strickte Johann Intrigen gegen ihn. Und zwar mit dem Sohn seines Gegners Berengar. Adalbert hieß der Knabe. Irgendwie verrückt, was? Na ja, jedenfalls hatte Otto die Sache voll im Griff. Er besetzte die Papstrolle einfach neu, mit Gewalt und Leo VIII. So einfach ist das, wenn man's draufhat. Aus der Welt waren die Probleme mit dem Papst damit aber noch lange nicht. Irgendwie gab es andauernd Zoff mit dem Heiligen Stuhl und Italien. Andererseits fand sich ständig wieder ein Papst, der Otto gegen irgendwelche Feinde zu Hilfe rief. Otto ließ dann nach gewonnenem Fight jedesmal den Beschützer der Kirche raushängen. Sein dritter Italienturn (966–972) lief genauso ab. Johann VIII. plärrte um Hilfe, und Otto eilte im Sauseschritt herbei. Dabei hat er natürlich auch immer seinen Schnitt gemacht. Mit Johann VIII. zog Otto 968 auf der Synode von Ravenna die von ihm schon lange geplante kirchliche Organisation des Slawenlandes durch. Das heißt auf gut deutsch, sie haben abgecheckt, wer wo den Mehrwert abschöpft. – Aber wie dem auch sei, auch der allergrößte Otto rafft's nicht ewig, und über den Jordan kann er ebenfalls nichts mitnehmen. Also bleibt nur eins: Vererben. Das hat er dann auch gemacht. An Otto II., wen sonst? 967 läßt er ihn mit zwölf Jahren zum Kaiser krönen und bringt ihm danach noch so das Nötigste zum Regieren bei (Abb. 31).

Am 7. Mai 973 ging Otto der Große in die Gruft. Von jetzt ab mußte Otto II. mit seinen achtzehn Jährchen den Kaiser mimen. Aber das Wichtigste hatte er ja von seinem Alten gelernt (siehe oben). Als erstes ging er gegen Harald Blauzahn von Dänemark vor. Ihm brachte er den nötigen Respekt und die fällige Zinspflicht vor der deutschen Krone bei. Inzwischen dreht so ein reicher römischer Oberbonze dem letzten, noch von Otto I. eingesetzten Papst Benedikt VI. die Sauerstoffzufuhr ab und hält sich seinen eigenen Stellvertreter Gottes. Das war Bonifaz VII. Otto II. schickte eine kaiserliche Hilfsarmee nach Rom, die die Sache wieder in Ordnung brachte, Bonifaz VII. verjagte und Benedikt VII. einsetzte. So weit, so gut. Aber irgendwie hatte der zweite Otto nicht mehr so den Drive drauf wie sein Herr Papa. Heinrich der Zänker von Bayern klopfte andauernd auf die Kacke, Boleslav VII. von Böhmen mußte in seine Schranken verwiesen werden, und König Lothar von Frankreich überfiel den Kaiser sogar, der nur mit knapper Not die Fliege machen

Abb. 31   Otto der Große erteilt seinem Sohn, Otto II., Nachhilfeunterricht in Kneteangelegenheiten.

konnte. Irgendwie war der Wurm drin. Manchmal war der
Yuppie-Kaiser auch einfach zu blöd, z. B. 982 gegen die Arabs.
Sie hatten schon gewonnen, die Ottomanen, vergeigten aber
ihren Sieg durch taktische Fehler bei der Verfolgung des flüchtenden Gegners, der sie plötzlich umzingelte und allemachte. –
Tja, so kann's gehen. Na ja, und dann kam da noch so'n
Slawenaufstand (983), und überhaupt wuchs der ganze
Quatsch unserem zweiten Otto völlig über die Hutschnur. Mit
28 ist er in Rom in die Kiste gefahren. Genauer gesagt in die
Gruft der Peterskirche. Der Junge war einfach überfordert.
Für einen Sohn hatte es jedoch auch bei ihm gereicht, und das
wurde Otto der... Na, na... genau, der Dritte. Als sein Erzeuger entschlief, war er der erste dreijährige deutsche Kaiser. Als
pubertierender Fünfzehnjähriger übernahm er 995 die Regierungsgeschäfte. Sinnigerweise trat er voll in die ausgelatschten
Fußstapfen seines alten Herrn und veranstaltete wieder mal
eine Rombegehung. Dort machte er seinen Vetter Bruno von
Kärnten zum Papst Gregor V., um der Vetternwirtschaft des
Papsttums mit den römischen Elitegeiern ein Ende zu bereiten.
Auch er wollte eine Neuauflage des römischen Reiches, das
von Rom aus regiert werden sollte, natürlich von ihm. Nett
gedacht, aber in der Praxis blieb der Coup im unendlichen
Hick-Hack der Scharmützel stecken. Anno 1001 probten die
Römer sogar den Aufstand, und Otto III. mußte sich fluchtartig
aus Rom absetzen. Konstitutionsmäßig schien er noch schwächer auf der Brust zu sein als sein früh verstorbener Vater. Am
23. Januar 1002 seilte er sich, erst zweiundzwanzigjährig, ins
Jenseits ab (Abb. 32).

# Die Staufer
# treten ins Spotlight der Geschichte

Bevor wir uns über die Staufer ausmähren, sollte vorher noch kurz ein Wörtchen über Heinrich IV. verloren werden. Er regierte so von 1056 bis 1106 in Deutschland vor sich hin. Alles in allem nicht sonderlich von der Sonne des Erfolgs bestrahlt. Im Gegenteil! Er war nämlich der Hirni, der den

Abb. 33   Heinrich IV. latscht völlig frustriert nach Canossa.

Entscheidungskampf mit dem Papst versiebte und anschließend in Sack und Asche nach Canossa schlurfen und bei Papst Gregor VII. um Verzeihung winseln mußte. Das Ganze begab sich im Jahre des Heils anno 1077 (Abb. 33).

So, das mußte mal gesagt werden. Jetzt sind aber echt die ollen Staufer dran. Also erstmal kommt der Name von ihrer Burg in Schwaben, die eigentlich Burg Hohenstaufen hieß. Der erste dieser Sippschaft, der geschichtsmäßig in Erscheinung trat, war der Überraschungskönig des Jahres 1138, Konrad III. Überra-

*Abb. 34 Friedrich I. Barbarossa macht sich starklar zum Run auf die Kaiserkrone.*

schungskönig deshalb, weil er überraschend von nur wenigen Fürsten in Koblenz gewählt wurde und das Krönungs-Tantam full speed in Aachen durchgepeitscht wurde. Im Grunde ein absolut durchschnittlicher Monarchist, der hier mal ein bißchen rumeroberte und dort einen Spontan-Kreuzzug startete. Irgendwie nichts Besonderes. Bis nach Rom hat er's auch nicht mehr gepackt. Auf der Anreise verblichen, der gute Mann. Aber keine Angst, Rosmarie, der nächste Staufer stand schon in den Startlöchern, um sich das Staffelholz der Geschichte zu krallen (Abb. 34). Es handelte sich um Friedrich I., für gute Freunde nur Barbarossa. Und zwar wegen seiner blonden und keineswegs roten Haare, um das hier mal in aller Deutlichkeit zu sagen. Is also nix mit Kaiser Rotbart und so.

Friedrich I. Barbarossa war von Anfang an voll auf der Rolle. Ein echter Hochleistungskönig, der völlig straight seine Sachen durchgezogen hat. 1152 wurde er in Frankfurt König, und schon zwei Jahre später ging er auf Italientournee, die gleich voll reingehauen hat. Der ganze Akt war natürlich geschickt eingefädelt. Fritz Barbarossa hatte 1153 mit Eugen III. den Preis für die Kaiserkrone ausgehandelt. Friedrich beschützte den Papst vor den Gangs der Römer und Sizilianer und konnte sich dafür die Kaiserkrone in Rom abholen, was er auch tat. Allerdings hatte der Papst schon wieder gewechselt. Hadrian IV., der einzige Engländer auf dem päpstlichen Sitzmöbel, setzte Fritze die Krone auf. Als kleine Aufmerksamkeit für den neuen Gottesvertreter überreichte ihm Barbarossa den oppositionellen Arnold von Brescia zur Hinrichtung. Irgendwie muß ihm sein erster Italientrip wohl besonders gut bekommen sein, denn er hat sich insgesamt sechs angetan. In Deutschland gingen ihm die welfischen Doppelherzöge sowieso auf den Geist, und auf einem Italienzug war immer was zu holen. Auf dem zweiten z. B. wurde der Krone eine höchst ergiebige Abzockquelle erschlossen. Draufzahlen mußten die lombardischen Städte, denen die Selbstverwaltung gestrichen wurde (Abb. 35).
Die Lombarden waren natürlich stinksauer auf Friedrich und haben 1159 mit der sizilianischen Kardinalsmafia einen eigenen Papst gewählt, Alexander III. England und Frankreich pushten die Sache mit. Nu warn da plötzlich zwei Päpste, Alexan-

*Abb. 35    Friedrich I. Barbarossa bringt die kaiserlichen Finanzen auf Vordermann.*

der III. und Friedrich Barbarossas Papst Victor IV. Ausgekocht, wie Friedrich war, zettelte er einfach ein Konzil an, das den wahren Papst bestimmen sollte. Da Alexander nicht aufkreuzte, stand der Sieger schnell fest (Abb. 36).

Die dritte Italientour lief ohne Kriege und hatte mehr einen privaten Touch. Beziehungskisten und so. Aber ein paar Deals und ein wenig Politik wurden auch hier klargemacht. Als guter Propaganda-Trick zur Imagepflege seines persönlichen Papstes erwiesen sich Friedrichs »Würzburger Eide«. Hier ließ er alle

Versammelten schwören, keinesfalls Alexander III. geil zu finden. Auch die Engländer mußten ihren Spruch runterleiern. Das war das Medienereignis damals. Als Zugabe hatte er noch alle Fans Alexanders III. aus dem öffentlichen Dienst gekeilt.

*Abb. 36    Friedrich I. Barbarossa präsentiert seinen hauseigenen Heiligen Vater.*

Der vierte Italien-Treck war insgesamt ein ziemlicher Flopp, obwohl er eigentlich ganz gut anfing. Ancona quasi mit links erobert, daraufhin verkrümelte sich Alexander III. standepede aus Rom in die Diaspora (Abb. 37).

*Abb. 37   Der Zweitpapst Alexander III. schmirgelt ab.*

Doch dann kam's knüppeldick: Eine plötzliche epidemieartige Epidemie, und das kaiserliche Heer schmolz dahin wie Butter in der Friteuse. Als einer der letzten Surviver konnte sich Friedrich nach Savoyen verflüchtigen (Abb. 38).

*Abb. 38   Friedrich I. Barbarossa zieht den Schwanz ein.*

Die Lombarden haben sich natürlich auf die Schenkel geklopft und aus lauter Gemeinheit eine neue Bundesstadt gegründet, die sie Alessandria nannten.

Irgendwie muß die ganze Sache Friedrich doch sehr gewurmt haben. Kaum war er wieder fit, nahm er erneut Anlauf und bretterte zum fünftenmal nach Italien. Und wieder bekam er was auf die Nüsse. Allerdings gelang es ihm, diesen Absturz durch diplomatische Winkelzüge in einen Fast-Sieg umzufingern. Er feierte Versöhnung mit Alexander III. und schindete obendrein ein Waffenstillstandsabkommen mit den Lombarden und Sizilianern heraus. Danach zelebrierte er dann noch einen

*Abb. 39 Friedrich I. Barbarossa auf seinem letzten Kreuzzug.*

sechsten Italiengang, aber da passierte irgendwie nichts Besonderes mehr. Nur Politik und Privatkram, die übrigen Intrigen und Verschwörungen. Reine Routine. Er hätte träge und selbstgefällig sein Errafftes verbraten können. Aber nein, er mußte ja unbedingt noch einen Kreuzzug machen, auf seine alten Tage (Abb. 39). Dabei ist er dann auch hoppsgegangen (1190).

# Das Reich, in dem das Licht nie ausging

Wir überspringen jetzt mal siencefictionmäßig ganz easy knapp 400 Jahre, in denen es eh' nur ewig um das eine ging: Macht, Highlife, schnelles Geld und wenig Arbeit. Wie die alten

Abb. 40   Die Söldnerheere machen Schluß mit dem Ritterschmus von Ruhm und Ehre und so.

Römer. Ersparen wir uns das. Machen wir gleich da weiter, wo es endlich mal einer geschafft hat. Kaiser Karl V. von Habsburg hieß die schillernde Persönlichkeit. Regierender Kaiser war er von 1519–1556. 37 Jahre, in denen er kräftig anhäufte. Schon wie 1519 in Frankfurt seine Kaiserkrönung in Szene gesetzt wurde, ließ Großes schwanen. Vom Bankhaus Fugger vorfinanziert, gelang es ihm, seinen Mitbuhler, Franz I. von Frankreich, auszutricksen. In Deutschland führte er so nach und nach, von hinten durch die kalte Küche, das römische Recht ein. Im Gegensatz zum germanischen Gewohnheitsrecht vereinfachte selbiges die Rechtsprechung erheblich. Recht hatte immer der Fürst. Er schaffte die altehrwürdigen, aber irgendwie schon kitschigen Ritterheere ab und engagierte knallharte Profikiller, für deren Spesen er aufkommen mußte und die durch ein Prämiensystem zu mehr Leistung motiviert wurden (Abb. 40).

Um diese Söldnerwehr mit dem nötigen Schotter zu versorgen, mußte er beim Bankhaus Fugger mehrere Kreditlinien ausschöpfen. Die haben auch immer kräftig Asche rübergeblasen, konnte Karl doch auf recht ansehnliche Sicherheiten verweisen. Immerhin hatte er mit 15 Burgund geerbt, mit 16 Spanien mit allem, was an überseeischen Besitzungen dazugehörte, und wurde mit 19 deutscher Kaiser. Damit wurde er schon in jungen Jahren Chef-Dompteur über ein Reich, in dem das Sonnenlicht nie ausging. Sowas imponierte natürlich einer Bank. Merkwürdigerweise hing Karl V. aber auch dieser fixen Schnapsidee von der Wiederherstellung des alten karolingischen Frankenreiches, wenn nicht gar des römischen Imperiums, an. Das mußte natürlich zu Knatsch mit seinem Lieblingsrivalen Franz I., König von Frankreich, führen. Dann kamen noch die Türken über den Balkan gekümmelt, und in Deutschland war durch die Reformation und die Bauernaufstände der Bär los. Insgesamt also Hochkonjunktur für bezahlte Totschläger. Um die daraus entstehenden knetemäßigen Verpflichtungen gegenüber der Fuggerbank begleichen zu können, plünderte er Südamerika aus. Leider reichte es nicht ganz, um die Schulden zu decken (Abb. 41).

*Abb. 41   Karl V. und sein Bankberater, Herr Fugger.*

Die Ritter fanden die neue Zeit natürlich nicht so überzeugend. Da auch die Bewirtschaftung ihrer Felder nicht auf der Höhe der Zeit war, ging ihr gewohnter Lebensstandard langsam den Bach runter. Manche ließen sich umschulen (Abb. 42).

*Abb. 42   Ein armer Ritter bewirbt sich um einen neuen Job.*

Die meisten reagierten ihren Frust an ihren noch ärmeren Bauern ab, die mußten für nix ackern, bis ihnen das Wasser im Arsch kochte (Abb. 43).

*Abb. 43   Irgendwie war das Verhältnis zwischen Rittern und Bauern daneben.*

*Abb. 44   Ein Ablaßdealer (rechts) mit seinem gutgläubigen Opfer (links).*

Im religiösen Überbau der katholischen Kirche fing es ebenfalls an, hektisch zu rumoren. Einigen ihrer Ideologen war sie zu seicht und kommerziell geworden. So war es durchaus üblich, daß man seine Sünden gegen Bares in der Kirche endlagern konnte. Damit wurde ein Schweinegeld gemacht, was dann mit irgendwelchen klotzigen Prunkbauten, z. B. dem Petersdom in Rom, wieder verpulvert wurde. Das ganze Busineß schimpfte sich Ablaßdealerei (Abb. 44).

Ein besonders eifriger religiöser Fundamentalist namens Martin Luther fing an, sich über solche Zustände zu mokieren. Er klopfte ständig Sprüche, 95 davon direkt an die Eingangstür der Schloßkirche zu Wittenberg. Außerdem schrieb er Bücher über so schlüpfrige Themen wie »Von der Freiheit eines Christenmenschen«. Darin verbreitete er die geschäftsschädigende Ansicht, daß der Mensch nur durch seinen Glauben an Gott seine Sünden zum Teufel jagen könne. Auf dem Reichstag zu Worms hörte sich Karl V. 1521 das ganze intellektuelle Gequatsche an. Er gab danach Luther 24 Std., um sich zu verpissen (Wormser Edikt), anschließend ließ er ihn steckbrieflich suchen.

Luther tauchte ab. Auf der Wartburg eines wohlhabenden sächsischen Sympathisanten mietete er eine subversive Wohnung an. Um die Zeit totzuschlagen, übersetzte er die Bibel ins Hochdeutsche. Der Verkauf des Buches lief anfangs nicht so toll, da es von Karl V. auf den Index gesetzt wurde. Die marktbeherrschende Position der katholischen Kirche ging aber vielen Leuten in Deutschland ganz gewaltig auf den Senkel, und so traf Luther mit seinen aufmüpfigen Bibelsprüchen voll den Nerv der Zeit. Die außerkirchliche Alternativbewegung fand reichlich Zulauf. Ihr Ziel war es, ein bißchen an der katholischen Kirche rumzureformieren und sonst alles beim Alten zu lassen. Nur weil die katholischen Führungskader sofort auf Kollisionskurs mit den Reformatoren gingen, kam es zu einer Abspaltung. Dummerweise verstanden die einfachen Bauern die Sache mit der »Freiheit des Christenmenschen« irgendwie miß. Sie verabschiedeten eine Resolution, in der sie in 12 Artikeln eine Verbesserung ihrer Lebensqualität forderten, wie die Abschaffung der Leibeigenschaft, eine für die christlichen Großbauernbesitzer absolut indiskutable Anmaßung (Abb. 45).

Abb. 45   Die Ritter schmettern die Forderungen ihrer Leibeigenen nach der 150-Std.-Woche ab.

Luther fand die Forderungen der Bauern auch alle irgendwie berechtigt. Das juckte die Grundbesitzer aber nicht im geringsten. Sie winkten einfach ab und basta! Frondienst as usual. Die Bauern griffen stinksauer zur Sense. Das war dem großen Reformator denn doch zu unchristlich. Freiheit hin oder her, sowas

gehörte sich einfach nicht. Er gab die Bauern zum »Stechen, Schlagen und Würgen« frei. Das war mehr symbolisch zu verstehen, denn die Todesschwadrone der Fürsten und Städte hatten schon astreine Kanonen und Gewehre (Abb. 46).
Das große Bauerntotschlagen zog sich über ein Jahr hin (1524–25). In der Schlacht bei Frankenhausen wurden die Bauern von gottesfürchtigen Metzgern ganz fürchterlich massakriert. Thomas Müntzer, ein prominenter Theoretiker der Bauernbewegung, wurde dingfest gemacht und am 27. 5. 1525 in

Abb. 46   *Die neue Technik verändert traditionelle Arbeitsplätze.*

einer Live-Veranstaltung vorsorglich enthauptet. Die Lage der Bauern verbesserte sich keinen Deut. Trotz Reformation und dem ganzen geistlichen Geseier blieb ihnen die Leibeigenschaft bis ins 19. Jahrhundert erhalten. Der Lutherverein warb derweil immer mehr potente Mäzene an und betrieb offensive Öffentlichkeitsarbeit. Auf dem zweiten Reichstag zu Speyer (1529) zogen die Mitglieder eine Unterschriftenliste aus dem Hut, in der Kurfürst Johann von Sachsen, Markgraf Georg von Brandenburg, Herzog Ernst von Braunschweig und Lüneburg, Landgraf Philipp von Hessen, Fürst Wolfgang zu Anhalt und 14 Städte, darunter Straßburg, Nürnberg, Ulm und Konstanz, gegen das Durchziehen des Wormser Edikts protestierten. Das waren die ersten Protestanten. Als 1532 mal wieder die Türken angekachelt kamen, bot Karl V. den Protestlern scheißfreundlich freie Religionsausübung an. Die waren darüber so happy, daß sie den Muselmanen besonders eifrig den Schädel einschlugen (1532).

Das Ganze war natürlich ein abgefeimter Trick von Karl V. Eigentlich fand er die Protestanten ja schlicht zum Kotzen. Sobald ihm seine hirnrissigen Hauereien mit Franz I. von Frankreich ein wenig Zeit ließen, stürzte er sich wie ein Berserker auf die Quertreiber (1546). Da Luther gerade in Eisleben gestorben war, dachte der schlitzohrige Karl V., dies sei eine Top-Gelegenheit, gleich mit dem ganzen Gesocks aufzuräumen. Es kam aber doch irgendwie anders als gedacht. Karl V. mußte Fersengeld geben. Anschließend wurde ihm ein fauler Kompromiß abgenötigt. Der moderatere Teil der Protestler hinter Philipp Melanchthon bekam die Erlaubnis zur Religionsfreiheit, in gewissen Grenzen. In der Zwischenzeit organisierten die Katholiken die Konterreformation. Dabei arbeiteten sie vor allem mit flammenden und schlagenden Argumenten (Abb. 47).

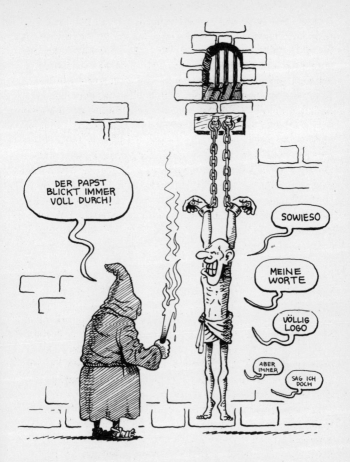

Abb. 47 Dank ihrer überzeugenden Argumente gewinnt die katholische Kirche viele Schäfchen zurück.

# Der 30jährige Schwachsinn

Die katholischen Contras unter Führung des Jesuitenordens stänkerten fleißig weiter gegen die Reformation. 1556 dankte Karl V. dankend ab und fuhr in fürstlicher Zurückgezogenheit 1558 zur Hölle. Seinem Bruder Ferdinand I. fiel die herrenlose Kaiserkrone in den Schoß. Als erste Amtshandlung ließ er sich fast ganz Ungarn von den Türken abzocken. In den acht Jahren

*Abb. 48   Die tiefgreifenden theologischen Differenzen spitzen sich zu.*

unter der Leitung dieses Schlaffi-Kaisers vermehrten sich die
Jesuiten in Deutschland wie die Karnickel. 1564–1576 mimte
Maximilian II. den Kaiser. Er sympathisierte eher mit den Protestanten, denen es in dieser Zeit auch gelang, ca. sieben Zehntel
Deutschlands zu indoktrinieren. Mit Kaiser Rudolf II. gaben die
Katholiken wieder Contra. Demonstrativ engagierte er Jesuiten
für seinen Beraterstab. Mit Spielchen dieser Art schaukelte man
sich gegenseitig hoch bis zur Blockbildung. 1608 gründeten die
Lutherfans die Union. 1609 zogen die Papsttreuen mit der Liga
nach. Wie im Kindergarten (Abb. 48).

Wurden bisher Konflikte mit Messer und Gabel gelöst, so
kamen jetzt die Feuerwaffen als zusätzliche Lösungsmittel in
Betracht. Ein Anlaß zum gegenseitigen Abmurksen war schnell
gefunden. In Böhmen randalierten katholische Schwarzkittel in
protestantischen Gotteshäusern, woraufhin die Evangelen 1618
in Prag zwei katholische Kaisertreue aus dem Fenster feuerten
(Prager Fenstersturz). Damit galt der Dreißigjährige Krieg als
eröffnet. Der neue unverbrauchte Kaiser Ferdinand II.
(1619–37) stieg gleich nach seiner Inthronisation (1619) in die
vollen. In der Schlacht am Weißen Berg bei Prag (1620) würgte
er den Böhmen voll eine rein. 27 ihrer Häuptlinge wurden ganz
spontan kaltgemacht. Die Hälfte der adligen Liegenschaften
wurde eingesackt und an ausgesuchte Untertanen vertickt. Die
evangelischen Pfarrer wurden abgeschoben. Mittels Gehirnwäsche wurde das Land von protestantischer Denkweise gereinigt
und mit hygienisch einwandfreiem Katholizismus abgefüllt. Die
Union löste sich in Wohlgefallen auf. Die Römisch-Katholischen hatten deutliche Platzvorteile. Nicht zuletzt wegen ihres
Starfeldherren Tilly und eines stinkreichen katholischen Überläufers namens Albrecht von Wallenstein. Dieser spendete dem
Kaiser gleich ein ganzes Söldnerheer (Abb. 49).

Damit ließ es sich natürlich gut reinhauen. In der ersten Hälfte
des Krieges dominierten Tilly im Sturm und Wallenstein im
Mittelfeld eindeutig das Geschehen auf den Schlachtplätzen.
Aus der Tiefe des Raumes führte Tilly seine Schergen beherzt
und ideenreich von Sieg zu Sieg. Gegen Ende des zweiten
Drittels warfen die Protestanten ihre Neuerwerbung, den

*Abb. 49  Wallenstein denkt über ein Abschreibungsprojekt nach.*

Schwedenkönig Gustav II. Adolf, ins Getümmel. 1631 und 32 gelang es ihm, Tilly in nur zwei Schlachten vernichtend zu schlagen. Als dann 1634 Wallenstein von seinen eigenen Leuten tödlich gefoult wurde, war ein Remis eigentlich abzusehen. In der Hitze des Gefechts meuchelte man aber noch 14 Jahre wie bekloppt weiter. Zwei Fünftel der Landbevölkerung und ein Drittel der Stadtbevölkerung wurden in diesem hochgeistigen Theologenstreit verheizt (Abb. 50). 1648 einigte man sich in Münster und Osnabrück auf ein Unentschieden.

Das erste Drittel:

Das zweite Drittel:

Das dritte Drittel:

*Abb. 50   Der Dreißigjährige Krieg in seinen drei entscheidenden Dritteln.*

# Preußen als Spätfolge des Dreißigjährigen Hick-Hacks

»Der Krieg ist der Vater aller Dinge«, heißt es in einem alten Klospruch. In diesem Sinne war der Dreißigjährige ein big spender. Kulturelle Errungenschaften wie Hexenverfolgung, Pest, Kleinstaaterei und totaler Niedergang wurden durch ihn entscheidend beeinflußt. Jakob von Grimmelshausen, ein heller Kopf aus jener finsteren Zeit, hat die ganzen Abartigkeiten in seiner saugeilen Realsatire »Simplicius Simplicissimus« verewigt. Aber das Rad der Geschichte blockierte auch in diesem Falle nicht, sondern eierte quietschend auf dem alten Holzweg weiter auf und ab. The history must go on, auch wenn's weh tut. In Deutschland gab es jetzt über 300 Schrebergartenstaaten, die selbstverständlich alle nach wie vor vom großen Römischen Reich Deutscher Nation halluzinierten. 1640 kam in Brandenburg Kurfürst Friedrich Wilhelm auf den Trichter, die freischaffenden Kommerzkiller durch festangestellte Soldatenbeamte zu ersetzen. Er ging damit als Erfinder des »Soldatenstaates mit dem stehenden Heer« in den Datenspeicher der Geschichte ein (Abb. 51). Mit dieser angestellten Streitmacht und dem Prinzen von Homburg im mittleren Management schlug er die Schweden bei Fehrbellin (1675) eindeutig nach Punkten. Allerdings mußte er seine Eroberungen aus diesem Fight bald wieder rausrücken. Doch was soll's, der alte Killerinstinkt war noch wach.

Das herumstehende Heer mußte natürlich aufrechterhalten werden. Dieses Anliegen wurde zum eigentlichen Sinn und Zweck des Staates erklärt und den Untertanen immer wieder eingebleut. Eine emsige Rüstungsproduktion leierte die frühkapitalistische Wirtschaft an. Religiös verfolgte Minderheiten aus Frankreich (Hugenotten) konnten ganz easy integriert werden. Es ging aufwärts. Einen vorübergehenden Karriereknick stellte die Regentschaft Friedrichs III. von Brandenburg dar. 1701 kam er in Preußen ans Ruder. Zu seinen hervorstechendsten Eigenschaften gehörte das Geldausgeben. Für sein ausgiebiges absolutistisches Highlife mußten sich die braven Untergebenen

Das stehende Heer vor dem Krieg:

Nach dem Krieg:

*Abb. 51  Die zwei Grundstellungen des stehenden Heeres.*

krummlegen. 1713 verschwand er in der Versenkung und hinterließ einen Haufen Miese. Als Friedrich Wilhelm I. 1713 die Staatsknete übernahm, war also Gürtel-enger-Schnallen angesagt. Fürs Volk war's Jacke wie Hose, ob der King praßte oder knauserte. Angeschissen war es so oder so. Mit seiner verbissenen Knickrigkeit (Abb. 52) gelang es Friedrich Wilhelm I. aber, die Schulden abzustottern und ein total durchorganisiertes Militärregime auf die Beine zu stellen. Um die Untertanen-Dressur möglichst effektiv zu gestalten, führte er die Schulpflicht ein. Bei allem war er peinlich bemüht, mit leuchtendem Beispiel Aufsehen zu erregen. Damit handelte er sich den Künstlernamen »Soldatenkönig« ein.

*Abb. 52 Der Soldatenkönig hält sein Volk zur Sparsamkeit an.*

# Der Superfriedrich (Friedrich II., der Große)

Am 24. April 1711 gelang es dem Soldatenkönig, in treuer
Erfüllung der ehelichen Pflichten, seine königliche Gattin,
Sophie Dorothea (siehe Abb. 53, links), erfolgreich zu betäuben. Neun Monate später, am 24. Januar 1712, brachte sie
glücklich ihren Balg zur Welt. Da es ein Männchen war, befahl

Abb. 53
Königin Sophie Dorothea
steht dem Hofmaler
mit dem kleinen
Friedrich dem Großen
Modell.

Friedrich Wilhelm, phantasielos wie er war, ihn auch Friedrich
zu nennen. Um Verwechslungen zu vermeiden, bekam der
Knabe die Nummer II. Der Alte wollte aus dem Kurzen eine
bessere Kopie von sich selbst machen. Er sollte einen »guten
Christen, guten Soldaten und guten Wirt« abgeben. Wahrscheinlich wäre Friedrich Wilhelm das selber gern geworden,
aber bei ihm hat's halt nur zum Soldatenkönig gereicht, und
sein Sohn sollte es mal besser haben. Dummerweise hatte er
pädagogikmäßig nicht soviel auf der Pfanne. Der kleine Friedrich wollte sich mehr selbstverwirklichen. Musik machen,
Gedichte schreiben, philosophieren und so'n Quatsch. Damit
brachte er seinen Alten zum Rotieren (Abb. 54).

*Abb. 54   Friedrich der Große schlägt aus der Art.*

Da braute sich ein handfester ödipaler Kleinfamilienknatsch zusammen. Der alte Polterpatriarch Friedrich Wilhelm wollte den schöngeistigen jungen Friedrich II. mit aller Gewalt zu einem skrupellosen, dumpfen Kommißkopp machen, der Spaß hat an so abartigen Sachen wie Jagen gehen, Unmengen Tabak qualmen und stumpfsinnigen militärischen Übungen. Mit 18 hatte der Sohnemann den Kanal gestrichen voll. Zusammen mit seinem Spezi Katte machte er die große Flatter. Die Sache ging natürlich voll in die Hose. Die beiden wurden sofort wieder gebustet. Der Alte hatte seine Spitzel überall. Ein williges Schnellgericht schickte die Fahnenflüchtlinge in den Knast nach Küstrin. Hier übte der Soldatenkönig an seinem Kronprinzen das aus, was er unter Erziehung verstand. Sein Filius mußte eigenhändig mit ansehen, wie sein bester Kumpel exemplarisch hingemacht wurde. Ein gewisses Aha-Erlebnis in dem sensiblen Thronfolger erzeugt zu haben kann diesem pädagogischen Vorschlaghammer allerdings nicht ganz abgesprochen werden. Der Junge ging in sich. Wegen guter Führung wurde er 1732 vorzeitig entlassen. Es kam zur großen Aussöhnung mit seinem Daddy, den er jetzt doch irgendwie besser verstand. So war nun mal sein alter Herr, hart, aber ungerecht, auf seine ganz ureigene dummdreiste Art. Irgendwie mußte man ihn einfach liebhaben (Abb. 55).

*Abb. 55  Friedrich II. (links) reift zum König heran.*

Als Bonbon für seine brave Einsichtigkeit erhält der Prinz vom Alten einen Job beim Militär, das schicke Lustschlößchen Rheinsberg und Elisabeth Christine von Braunschweig-Bevern. In seiner Freizeit durfte er jetzt auch wieder seinen musisch-

Abb. 56  Friedrich der Große hält sich für den ersten Staatsdiener.

philosophischen Hobbys nachhängen. Er gab ständig irgendwelche Partys, auf denen er sich mit Prominenz aus Kultur und Wissenschaft schmückte. Diese Gewohnheit behielt er auch bei, als er selbst schon regierender König war und seine Freizeit auf dem etwas größeren Lustschloß Sanssouci verplemperte. Hier hielt er sich z. B. von 1750–1753 den berühmten französischen Aufklärer Voltaire als Freund. Gegen freie Kost und Logis mußte dieser sich stundenlang mit Friedrich über Vernunft, Freiheit, Gleichheit, Toleranz und dergleichen sperrige Themen unterhalten. Der Große Friedrich fand das Ganze echt wahnsinnig faszinierend, und dank seiner vielen Nachhilfestunden konnte man sich mit ihm auch vernünftig über alles unterhalten. Aber Schnaps is Schnaps, und Geschäft is Geschäft. In der Freizeit charmant über Freiheit und Toleranz plaudern war eine Sache. Eine ganz andere war es, die nötigen Fluppen für seinen großspurigen Lebensstil und seine Großmachtpläne aufzureißen. Da war er dann doch ganz der Papa, immer bereit, für ein gutes Stück Land ein paar tausend Soldaten zu verfeuern. Da er sich als erster Diener des Staates sah, stand ihm natürlich das meiste Trinkgeld zu (Abb. 56).

Was er von den Ideen der Aufklärung auf seine Art geschnallt hatte, war die Sache mit der Vernunft. Also, der Mensch soll vernünftig handeln und so. Nun ist es für jemanden, der acht Millionen Taler, eine überdimensionierte Army und ein Königreich geerbt hat, nur vernünftig, mit diesen Pfunden zu wuchern. Genau das tat er, als er mit einem Präventiv-Raubzug den Österreichern Schlesien klaute (1740–42). Das wurmte die gute Maria Theresia (1740–1780) natürlich gewaltig. Zwei Jahre später versuchte sie mit einem einjährigen Schlachten, das verlorene Land zurückzumetzeln. Allerding vergeblich! Friedrich II. rückte seinen fetten Brocken nicht mehr raus. Von jetzt ab hatte er das Image eines großen Schlachtenkönigs weg (Abb. 57). Wenn das sein alter Vater selig noch erlebt hätte!

*Abb. 57   Aus Klein-Fritzchen wird der Superfriedrich.*

Zwischen den Kriegen ließ Friedrich der Große gern gönnerhaft den aufgeklärten absolutistischen Herrscher raushängen. Er ordnete die Trockenlegung wertvoller Feucht-Biotope an, um daraus Kartoffeläcker zu machen. Die bis dahin unbekannte Knolle wurde aus Amerika angekarrt. Da Friedrich in der Regel französisch laberte, wird heute angenommen, daß der Begriff

»Pommes Fritz« auch auf ihn zurückzuführen ist (Abb. 58). Dinge, die für uns zur Selbstverständlichkeit verkommen sind, wie Pfanni-Püree oder Kartoffel-Chips, wären ohne sein Wirken wahrscheinlich noch immer nicht erfunden.

Regierungstechnisch äußerst clever war die offizielle Abschaffung der Folter. Dadurch fiel die Beibehaltung der Leibeigenschaft nicht so auf. Welche Konfession seine Untertanen sich

Abb. 58  So könnten die »Pommes Fritz« entstanden sein.

reinzogen, war ihm völlig schnuppe. Solange alle auf sein Kommando hörten, durfte jeder nach »seiner Façon selig werden«.

Maria Theresia, die First Lady von Österreich, der anderen europäischen Großmacht auf deutschem Boden, hatte Haare auf den Zähnen. Sie hetzte ständig gegen Preußen und klempnerte emsig an irgendwelchen Komplotten gegen Superfriedrich herum. Sie wollte die Großimmobilie Schlesien wiederhaben.

Abb. 59   Das Finale des Siebenjährigen Krieges (1763).

Schließlich gelang es ihr, Frankreich, Rußland, Schweden und die meisten Staaten des restdeutschen Reiches gegen Preußen und Gewinnbeteiligung aufzuwiegeln. Ein siebenjähriges Blutverspritzen war die Folge (1756–63). Die ersten Runden gingen dabei an Preußen. Doch 1759 wurde bei Kunersdorf fast die gesamte preußische Armee aufgemischt. Die Engländer, die bisher Preußen gepusht hatten, bekamen irgendwie langsam Muffe und stornierten ihre Militärhilfe. Superfriedrich wäre sang- und klanglos eingestampft worden, hätte Rußland nicht ausgerechnet jetzt die Brocken hingeworfen und Frieden mit Preußen geschlossen. Peter III., dem Nachfolger von Kaiserin Elisabeth von Rußland, die 1762 abnibbelte, verdankte Superfriedrich die überraschende Wende. Als dann auch Frankreich keinen Bock mehr hatte und die Überweisungen an Österreich strich, einigte man sich auf ein Unentschieden (Abb. 59). Superfriedrich durfte Schlesien behalten.

Da man sich also gegenseitig nichts abgreifen konnte, einigten sich die Raubmächte Preußen, Österreich und Rußland, dem kleinen Nachbarn Polen ans Eingemachte zu gehen. Mit dem immer überzeugenden Straßenräuberargument: »Geld oder Leben« kommt es 1772 zur ersten Teilung Polens (Abb. 60).

Bei der zweiten Teilung Polens 1793 weilte der alte Superfritz schon seit sechs Jahren auf den ewigen Schlachtfeldern. Diesmal sackte sein Nachfolger, Friedrich Wilhelm II. (1786–1797), rund 55 000 km$^2$ Polens ein. Rußland steigerte sich auf 226 000 km$^2$. Österreich paßte. Nachdem sich bei der dritten Teilung Rußland 465 000 km$^2$, Preußen 145 000 km$^2$ und Österreich 115 000 km$^2$ eingemeindeten, war Polen buchstäblich alle. Drei zivilisierte europäische Kulturnationen lösten aus niederen Beweggründen ein ganzes Volk in seine Bestandteile auf.

Abb. 60  Superfriedrich, Katharina II. von Rußland und Maria Theresia (von links) fallen wie die Geier über Polen her.

# Deutsche Unterhaltungskünstler und Vordenker voll im Trend

Auch nach Superfriedrichs Abgang sah das, was vom Hl. Römischen Reich Deutscher Nation übergeblieben war, aus wie ein Patchwork-Teppich. Da ein Bayer in Württemberg als Ausländer galt, kann man durchaus von einer Ausländerschwemme in Deutschland reden. Das schärfste war, daß sich die Bonsai-Fürsten alle aufführten wie der Kaiser von China. Kurz gesagt, die Verhältnisse waren total beknackt. Die Frühkapitalisten maulten, weil sie wegen der vielen Zölle und Steuern nicht so richtig in die Gänge kamen. Die Bauern waren immer noch leibeigen und sowieso im Dauerstreß. In dieser Zeit fingen ein paar schwärmerische Intellektuelle an, davon zu faseln, wie schön doch die Welt sein könnte, wenn man alles anders machen würde. Der Königsberger Philosoph und Vordenker Immanuel Kant tönte z. B. herum, daß jeder Mensch nur die Actions bringen sollte, von denen er der Meinung ist, daß man da auch ein allgemeines Gesetz draus machen könnte. »Kategorischer Imperativ« hat er das genannt (Abb. 61).

Auch dem jungen Studi Friedrich Schiller stiegen die kantschen Sprüche in den Kopf. Eigentlich sollte er in Stuttgart auf der herzoglichen Akademie Regimentsarzt werden. Doch irgendwie ödete ihn das an. Er wollte lieber schwierige Dramen schreiben. Vorläufig bekam er erstmal selbst Schwierigkeiten, als er sein Erstlingsmachwerk »Die Räuber« den Mitstudenten vorlas. Dabei tauchte überraschend der Herzog auf, der das ganze Geschreibsel überhaupt nicht komisch fand. Ihm paßte die antiautoritäre Tendenz des Stückes nicht, darum verbot er dem 21jährigen Schiller jede weitere Veröffentlichung. Das war 1780.

Durch diese ignorantenmäßige hochherzogliche Entscheidung bekam das Stück eine ungewollte Publicity. Als es dann 1781 doch auf den Markt kam, wurde es schnell zum Renner auf deutschen Bühnen. Über Nacht zum Star geworden, setzte sich Schiller 1782 nach Mannheim ab, wo er drei Jahre rumhing

*Abb. 61   Immanuel Kant wird auf der Szene bekannt.*

und dichtete. Anschließend drückte er sich vier Jahre in Leipzig rum. Das war wohl auch nicht das Wahre, denn 1789 ging er nach Jena. Hier bekam er einen astreinen Job als Geschichtsprof. an der Uni. Damals wie heute arbeiten sich die Profs nicht tot. Er hatte also Muße zum Reimen. Zehn Jahre vergeigte er auf die Art. 1794 fuhr er mal eben nach Weimar, um Connections zu einem gewissen Johann Wolfgang Goethe zu knüpfen, der sich hier vom einfachen Minister zum hochbezahlten Dichterfürsten hochgefummelt hatte. Von diesem Oberguru der schreibenden Zunft mußte er unbedingt ein Autogramm haben (Abb. 62).

Abb. 62   Zufälliges Meeting von Goethe und Schiller in Weimar auf der Straße.

Diese kalkulierte Zufallsbegegnung hat's dann für Schiller auch voll gebracht. Goethe fuhr auf ihn ab und machte ihn zum Mitherausgeber der gemeinsamen Zeitschrift »Die Horen«. 1799 zog Schiller ganz nach Weimar an den Hof des Dichterfürsten. Hier wurde er dann auch noch geadelt. Wahrscheinlich hatte der Goethe das irgendwie gefingert. Leider konnte Schiller sich auf diesen Lorbeeren nicht mehr allzulange ausruhen, da er sich bereits 1805 in Staub auflöste. Goethes Wolfgang hingegen war ein wesentlich epochemachenderes Dasein

Abb. 63   Johann Wolfgang von Goethe zieht sich Dolce Vita rein.

beschieden (1749–1832). Bei seinen Beziehungen kein Wunder. 1749 in Frankfurt und gutbürgerlichen Verhältnissen geboren, trifft er bereits als 21jähriger Student den 26jährigen Studenten Herder in Straßburg. Dieser wollte später unbedingt als Kulturphilosoph und Geisteswissenschaftler Karriere machen und quatschte Goethe dementsprechend voll. Spätestens während seines Jobs im Reichskammergericht in Wetzlar wurde Johann Wolfgang aber klar, daß er lieber reich und berühmt werden wollte. Irgendwie trieb er einen echten Herzog als Freund und Mäzen auf, der ihn 1775 nach Weimar mitnahm und zum Minister machte. Hier verdiente er genügend Schotter und hatte noch Zeit zum Dichten. 1782 wurde er geadelt. Auslandsreisen auf Spesenkosten waren ebenfalls möglich. So hat z. B. Goethes Italientrip (1786–1788) zu den alten Scherben des römischen Reiches Leib und Werk nachhaltig beeinflußt (Abb. 63).

# Get up! Stand up!

Während die deutschen Besserwisser von idealen Verhältnissen phantasierten, haute der Pöbel 1789 in Frankreich voll auf die Kacke und machte seine monarchistischen Abstauber einen Kopf kürzer. Allerdings gelang es den französischen Underdogs nicht, die Organisation einer einigermaßen menschlichen Society auf die Reihe zu kriegen. Was sie wollten, war Freiheit, Gleichheit, Brüderlichkeit für alle. Mit dieser Parole wurden die Hungerleider von irgendwelchen bürgerlichen Intellektuellen auf die Barrikaden gehetzt. Nachdem sie überraschenderweise dieses Powerplay für sich entschieden, legten die mittelständi-

Abb. 64   Napoleon Bonaparte als Alleinrevolutionär.

schen Eierköppe sie voll aufs Kreuz. Nach der neuen Verfassung hatten nur männliche Bürger über 25 mit reichlich Patte auf der Naht das Recht zu wählen. Diese durften eine Nationalversammlung wählen, die die Gesetze festklopfte. Zu allem Überfluß hatte der König auch noch ein Vetorecht. Zwei wendige Rechtsanwälte (Danton, Robespierre) und ein schriftstellernder Arzt (Marat) polemisierten gegen diese Zustände. Es gelang ihnen, im arg gebeutelten Volk noch ein paar Aggressionen lockerzumachen, um damit ihre politischen Gegner ins Jenseits zu deportieren. Allerdings stellte sich bald heraus, daß sie auch nur ihr eigenes Süppchen gekocht und klammheimlich die ganze Macht im Staate an sich gerissen hatten. Nachdem sie sich gegenseitig zerfleischt hatten, nutzte ein junger Emporkömmling die Gunst des Chaos', um sich selbst an die Futtertröge der Macht zu drängeln. Mit Napoleon Bonaparte (Abb. 64) hatten die Franzosen einen echten Selfmade-Kaiser und Solorevolutionär (1804).

Die königlichen Drahtzieher Preußens und Österreichs fanden dieses subversive Treiben in Frankreich natürlich äußerst uncool. Um sich auch fürderhin mit ihren blaublütigen Berufskollegen um Land und Leute schlagen zu können, traten sie 1791 in einer gemeinsamen Resolution für die Beibehaltung der Monarchie in Frankreich ein. Mit einer gleichzeitigen Truppenmobilisierung provozierte man eine französische Kriegserklärung. Zu aller Erstaunen hielten sich die revolutionären Franzmänner recht wacker. Anfangs zwar mit Hängen und Würgen, doch peu à peu trumpften sie immer mehr auf. Sie waren halt echt motiviert durch ein Beförderungssystem nach Leistung und nicht nach Stammbaum. So wurde auch Napoleon groß. Aus einfachen Verhältnissen kommend, dachte er kurz und bündig, entweder ich oder die anderen. Es kam einfach darauf an, immer eine Idee schneller zu sein. Er kam z. B. als erster auf den Trichter, das stehende Heer auch hin und wieder liegen und rumkriechen und aus der Hüfte schießen zu lassen. Sowas konnte er sich erlauben, weil er seine Krieger nicht am Türmen hindern und auf der Flucht erschießen lassen mußte. Das ging natürlich einfacher, wenn alle wie die Schießbudenfiguren in

Reih und Glied marschierten, wie das bei den Preußen und Österreichern noch der Fall war (Abb. 65). Logo, daß sie gegen die flexible Franzosentaktik keine Sonne sahen.

> DIE SACHE IST DIE: ALS HELD WIRST DU VON DEN FRANZOSEN ALLE GEMACHT, ALS FEIGLING VON DEN EIGENEN LEUTEN.

*Abb. 65  Der Krieg wird lockerer.*

Schon ohne Napoleon hatte Preußen linksrheinisch jede Menge Blut und Boden verloren. Als dann aber dieser Hochleistungsgeneral auf der Matte stand, wurde dem Oberpreußen, Friedrich Wilhelm III. (1797–1840), der ganze Trouble doch irgendwie zu heiß. Im zweiten Koalitionskrieg gegen Frankreich (1799–1802) blieb er neutral. Sollten sich doch England, Rußland, Österreich, Portugal, Neapel und die Türkei mit dem wildgewordenen Franzosenpack rumschlagen. Auch beim dritten Versuch, 1805, hielt sich Preußen fein raus. Diesmal versuchten England, Rußland, Österreich und Schweden, die Sache anzurühren. Was wieder danebenging. In der Dreikaiserschlacht bei Austerlitz (2. Dezember 1805) brät Napoleon den Russen und Österreichern fürchterlich eins über. Die Engländer

*Abb. 66  Die Französische Revolution spült das Bürgertum an die gesellschaftliche Oberfläche.*

konnten gerade mal ihre Insel abschotten, aber ansonsten
Napoleon auch nicht bremsen. Von Schweden ganz zu schweigen.
Außerdem zog Napo noch seine Show ab, von wegen, er
maloche im Dienste des Fortschritts und verbreite die Ideen der
Französischen Revolution und so. Mit Freiheit, Gleichheit und
dem Kram war das allerdings so 'ne Kiste. Bei Licht betrachtet
war er auch nur ein guter Vertreter. Er reiste in Sachen Besitzbürgertum.
Absolutistische Wichserkönige und machtgeiler
Klerus wurden madig gemacht, Geschäftemacher und Frühkapitalisten
auf allen Ebenen subventioniert (Abb. 66).
Gewerbe- und Religionsfreiheit waren angesagt.

Für einige Krümel-Staaten des atomisierten Römischen Reiches
Deutscher Nation war dieser französische Selbsthilfekaiser
(eigenhändig gekrönt seit 1804) ein echter Fetz-Typ. 16 von
ihnen schickten dem deutschen Kaiser Franz II. ihre Kündigung
und stiegen bei Napoleon ein (1806). Großkotzig meinte dieser
daraufhin zu Franz II., der nächste Erste wär' für ihn der Letzte.
Der ließ sich das nicht zweimal sagen und verpfiff sich; allerdings
nicht ohne vorher das Hl. Römische Reich Deutscher
Nation zu den Akten zu legen. Weil er den Hals nicht vollkriegen
konnte, knöpfte sich Napo jetzt noch die Preußen vor.
Neutralität hin, Neutralität her. In dem Schlachten-Doppel bei
Jena und Auerstädt (14. Okt. 1806) ließ er sie voll über die
Klinge springen. Am 21. Nov. desselben Jahres fiel Napo in
Berlin ein und verlebte hier ein paar fidele Tage (Abb. 67).

Daß Preußen nicht endgültig auf der Giftmülldeponie der
Geschichte verschütt ging, verdankte es ausschließlich dem
Eingreifen des russischen Oberzampano. Erst in dieser abgefuckten
Situation waren die monarchistischen Leuteschinder
Preußens bereit, über Zugeständnisse an das gemeine Volk
nachzugrübeln. 1807 wurde z. B. endlich, endlich die Leibeigenschaft
abgeschafft; die angebliche Freiheit der Person, des
Besitzes und des Berufes überall herumposaunt. 1808 erhielten
die fetten Pfeffersäcke in den Städten das Recht, ihre Angelegenheiten
selbst auszumauscheln. Magistrat nannte man diese
Eliteclubs. 1812 wurde das Gymnasium erfunden, die Berliner
Uni gegründet und die Juden legalisiert. Die Militärs Gneise-

Abb. 67
Napoleon stellt einen Koffer in Berlin ab und macht ein Faß auf.

nau, Scharnhorst und Clausewitz nutzten den bösen Überfeind Napoleon zum Anheizen des Nationalbewußtseins und Scharfmachen der Soldaten.

Aufgeputscht von seinen vielen Erfolgen als Schlachtermeister, kannte Napos Raffgier keine Grenzen mehr. Mit 450 000 Mann Soldatenmaterial im schlachtfähigen Alter ging er 1812 die Russen frontal an. Diesmal mit Preußen und Österreich als Verbündeten. Den ganzen Sommer über killten sich die Aggressoren relativ easy bis Moskau voran. Als der Winter einbrach, stellten sie entsetzt fest, daß sie ihre warmen Unterhosen zu Hause vergessen hatten. Da die Pausenstullen inzwischen auch alle waren und die Russen sich mit Sack und Pack in die Taiga verpißt hatten, nicht ohne vorher Moskau abzufackeln, brach bei den Eroberern das große Heulen und Zähneklappern aus. Sie bekamen die totale Depris und schlichen sich völlig gefrustet und mit chronischer Bronchitis von hinnen. Wie gewöhnlich gutunterrichtete Kreise rumtönten, sollen nur 1000 Mann, 60 Pferde und 9 Geschütze die heimatlichen Exerzierplätze erreicht haben. Preußen und Österreich checkten recht flott, daß jetzt bei Napoleon die Luft raus war. Sie verließen das sinkende Schiff und verbündeten sich wieder mit Rußland und

England, um dem Franzosen endgültig den Fangschuß zu verpassen. In der Völkerschlacht bei Leipzig (16.–19. Okt. 1813) wäre es fast soweit gewesen, aber Napo ging seinen Feinden nochmal durch die Lappen und entfleuchte über den Rhein. Am 31. März 1814 liefen die Verbündeten in Paris ein und schickten Napoleon zwar nicht in die Wüste, aber doch auf die Insel Elba, wo er den Rest seiner Tage verjubeln und die anderen nicht mehr nerven konnte (Abb. 68).

*Abb. 68   Napoleon wird zum Relaxen nach Elba verschickt.*

Nach dem Sieg über Napoleon ließen die europäischen Fürsten und Staatsmänner auf dem Wiener Kongreß (1814–15) ganz fürchterlich die Wutz raus. Fast ein dreiviertel Jahr lang täglich Sex and Drugs und Ringelpiez mit Anfassen. Zwischendurch intrigierte man, daß sich die Balken bogen, und pokerte mit gezinkten Karten um die erste Geige in Europa (Abb. 69).

*Abb. 69   Auf dem Wiener Kongreß wird um europäische Marktanteile gezockt.*

Während die Kongreßteilnehmer sich ordentlich einen fertigmachten, sprang Napo nochmal wie der Kasper aus der Kiste und versuchte sein Comeback. Am 20. März 1815 nistete er sich erneut in Paris ein. 100 Tage lang war er wieder ganz der alte Scene-Crash-Man. Selbst den preußischen Schlachtenprofi Blücher putzte er am 16. Juni 1815 bei Ligny souverän von der Platte. Aber schon zwei Tage später erlebte Napoleon sein Waterloo: Bei Waterloo oder Belle-Alliance, wie die Franzosen sagen. Gemeinsam mit Blücher gelang es dem Engländer Wellington und vielen tausend Prügelknaben, den aufdringlichen Franzosen endgültig einzumachen. Auf der kleinen Insel St. Helena wurde er von den Engländern bis zu seinem Dahinscheiden (5. Mai 1821) wasserdicht und stoßfest aufbewahrt.

# Noch 'ne Revolution

Trotz des unrühmlichen Show-Downs der Französischen Revolution wirbelten die Ideen von Freiheit und Gleichheit auch in deutschen Gehirnwindungen die kleinen grauen Zellen mächtig durcheinander. Allerdings plärrte in Deutschland das neureiche Bürgertum vor allem nach der Freiheit, um machen zu können, was es wollte. Und was es wollte, war klar: das schnelle Geld! Die ewigen Hauereien auf immer höherem technischen Niveau erforderten Unmengen an Mensch und Material. Die Kanonen mußten gegossen, die Uniformen gewebt, die Särge gezimmert werden. Der Verschleiß war enorm. Wer das bessere Equipment hatte, ging als Sieger vom Platz. Das Aha-Erlebnis, daß Kohle brannte und verdammt heiß werden konnte, heizte die industrielle Revolution an. Die Dampfmaschine machte den Manufakturen Druck. Mit Investitionen in dampfbetriebene Webstühle, Kohle- und Eisenbergwerke und Hochöfen konnte man jetzt ein Schweinegeld verdienen. »Kohle machen mit Kohle« hieß die Devise. Sowohl für die Herstellung als auch für den Gebrauch der oben genannten Produkte war man auf die armen Teufel angewiesen, die es nötig hatten, mit derartigem Schwachsinn ihre Wassersuppe zu verdienen. Ehemalige Leibeigene wurden von den Industriebossen zu Lohnsklaven umgeschult (Abb. 70).

Da die Fabriken in den Städten hochgezogen wurden, schlurften die ganzen Durchhänger vom Country in die City. Angelockt von den Gerüchten, daß der Fortschritt Arbeit und Brot bringen sollte. Im wirklichen Leben gab es aber durch die Dampftechnik wenig Arbeit und noch weniger Brot, doch irre viele Peoples, die beides suchten. Ideale Rahmenbedingungen also für dynamische Frühkapitalisten, um kräftig ins Kraut zu schießen. Die Leute machten jeden Scheißjob, bis zu 25 Std. am Tag, und bekamen dafür so viel auf die Kralle, daß es gerade so zum Hungern reichte. Die Produktionseinheit Familie war gezwungen, ihre kümmerliche Existenz nicht nur von einem Ernährer abhängig zu machen. Bei einem Ausfall wegen Verletzung, Krankheit, Alter oder Tod mußte für Ersatz gesorgt sein. Deswegen und weil Pudern das einzige Vergnügen war, vermehrten sich die armen Kerle wie die Stallhasen. So ähnlich wurden sie auch gehalten. Eine antike römische Tradition erlebt mit dem Aufkommen des Industrieproletariats ihre Renaissance. Die klassischen Halsabschneider wie Könige und Fürsten beobachteten diese ganze Szenerie mit Argwohn. Sie waren aufs heftigste bemüht, die alte soziale Hackordnung zu erhalten. Dafür gründeten Rußland, Österreich und Preußen 1815 sogar einen eigenen Club. Heilige Allianz nannte sich der Verein. So eine Panne wie die Französische Revolution sollte ihnen nicht passieren. Um das zu verhindern, wurde so gut wie

*Abb. 70   Der Fortschritt schreckt vor nichts zurück.*

alles verboten, was man im Kampf gegen Napoleon versprechen mußte. War also nix mehr mit freien Gedanken für freie Bürger und so. Mit den Karlsbader Beschlüssen (1819) schwangen die Köngstreuen den Knüppel der Zensur für alle Printmedien, die Unis und den öffentlichen Dienst; was dabei herauskam, war die Epoche des Biedermeier, die Roots der deutschen Gemütlichkeit (Abb. 71).

*Abb. 71    Herr Biedermeier in natürlicher Umgebung.*

*Abb. 72   Friedrich Wilhelm IV. läßt sich überzeugen.*

Aber irgendwie rumorte es weiter im Karton. 1832 wurde auf der Burgruine Hambach ein unangemeldetes Fest organisiert. Laut Bullenbericht kamen bei diesem Meeting 2000 Nasen zusammen. Wir können also locker davon ausgehen, daß es mindestens 20 000 waren. Außer Profs und Studis wurden noch ein paar Handwerker und Kleinbürger gesichtet. Na ja, jedenfalls nachdem alle schon so'n leichtes Ding im Tee hatten, wurden Forderungen nach einem vereinten Großdeutschland ohne Fürsten rumgegrölt. Und überhaupt, weg mit der Zensur und dem ganzen kleinkarierten Kack. Danach bekamen die Fürsten Panik und zogen die Daumenschrauben noch etwas nach. Für'n paar Jährchen war wieder Sendepause. 1844 zerhackten die unterbezahlten Weber in Schlesien die neumodischen Webstühle. Im Februar 1848 gingen in Paris Arbeiter und Kleinbürger auf die Barrikade und powerten erfolgreich für ein Wahlrecht, das nicht nach Knete ging. Jetzt endlich bekamen auch die deutschen Amateur-Revolutionäre ihren Arsch hoch. Überall im Land wurde demonstriert, bis die Fetzen flogen. Die März-Forderungen waren: Weg mit der Zensur, nationale Einheit und brauchbare Verfassungen. Das war die Sprache, die die verknöcherten Alt-Absolutisten verstanden. Wenn man mit schlagkräftigen Argumenten kam, konnte man von ihnen haben, was man wollte. Am 18. März 1848 versprach der mittlerweile vierte Friedrich Wilhelm von Preußen in Berlin den Streetfightern nach mehrtägigen ultrabrutalen Straßenschlachten das Blaue vom Himmel herunter (Abb. 72).

# Die Kommis kommen

Im Februar 1848 erschien in London ein kleines unscheinbares Sachbuch in deutscher Sprache mit dem Titel »Kommunistisches Manifest«. Herausgegeben im Selbstverlag von den deutschen Querdenkern Karl Marx (1818–1883) und Friedrich Engels (1820–1895). Darin brachten sie in knapper Form die

*Abb. 73   Herrschender schnallt den tieferen Sinn des Kommunistischen Manifestes.*

Message rüber, daß man alle bisherigen Gesellschaftsordnungen echt vergessen könnte, weil sie menschheitsmäßig total Null gebracht hätten. Seit der Erfindung von Ackerbau und Viehzucht wollten die einen nur das eine: nämlich auf Kosten der anderen gut leben (Klassengesellschaft). Um diesen simplen Fakt nicht so ätzend banal und abgewichst erscheinen zu lassen, wurde so ein affenartiger Zauber um Kultur und Religion veranstaltet. Der bisherige Fortschritt betraf lediglich die Ausbeutungsmasche (Sklavenhaltung, Leibeigenschaft, Industrieproletariat). Der Gang der Geschichte sei auch nicht das Werk von irgendwelchen überspannten Führungspersönlichkeiten, sondern Ergebnis von Klassenkämpfen in bestimmten ökonomischen Verhältnissen. Und überhaupt, einen lieben Gott gäbe es sowieso nicht, und wenn die ewigen Draufzahler es anders haben wollten, dann sollten sie gefälligst selbst die zum Himmel stinkenden Zustände verändern. Der Griff zur Knarre sei dabei durchaus als Notwehrreaktion zu verstehen. Wirklich klappen könnte die ganze Kiste aber nur, wenn die Proleten aller Länder mitziehen würden, wozu sie hiermit aufgerufen seien. Die Herrschenden sollten derweil ruhig vor Angst zittern (Abb. 73).

## Das Parlament

Irgendwie waren aber diese naheliegenden Gedanken-Highlights ihrer Zeit weit voraus. Den schwanztragenden Profi-Politikern aus ganz Deutschland, die vom 31. März bis 4. April im sogenannten Frankfurter Vorparlament rumsaßen, ging es vorläufig nur um allgemeine, gleiche und freie Wahlen für Pimmelbesitzer über 25 zu einem Nationalparlament. Nichtmal die

Abb. 74   Der Gottesgnadenkönig hat keinen Nerv, Parlamentskaiser zu werden.

Monarchie sollte weggeputzt werden. Als der Chef-Sprecher der Chaoten-Fraktion Friedrich Hecker (1811–1881) im April in Konstanz auf eigene Faust die Republik ausrief, wurde er von Bundestruppen niedergebügelt. Am 18. Mai 1848 lümmelten sich 586 gewählte Volksvertreter in der Frankfurter Paulskirche zum großen Ausquatschen zusammen. Allerdings dürften die Wahlen so allgemein, gleich und frei nicht gewesen sein, denn die anwesenden Quasselköppe kamen überwiegend aus dem akademischen Bildungsbürgertum. 'n paar Handwerker warn noch da und ein Alibibauer, null Prolos. Die hatten sowieso keine Zeit, weil sie malochen mußten. Während im Juni '48 in Paris die Reaktion schon wieder voll zuschlug und die Arbeiter beinhart zusammenschoß, wurde in Frankfurt die erste provisorische Reichsregierung gewählt, mit dem österreichischen Erzherzog Johann als Frontman. Von Juli bis Oktober wurde bis zum Erbrechen über die Grundrechte gelabert. 586 Volksvertreter brachten ganze drei Meinungen zustande. Rechts vom Präsidenten saßen die Konservativen, die alles lassen wollten wie gehabt. Nur keine Experimente. Die Liberalen in der Mitte wollten alles irgendwie laufen lassen. Linksaußen drückten sich die Fans einer Republik herum. Das Ende vom Lied war ein pißwarmer Kompromiß. Der König von Preußen sollte Kaiser von Kleindeutschland werden (ohne Österreich) und die Reichsregierung ernennen. Der vom Volk gewählte Reichstag sollte die Gesetze kreieren und die Regierung durchchecken. Die Bundesländer blieben erhalten. Die Sache hatte allerdings einen Haken. Der Preußenkönig hustete den Volksvertretern was (Abb. 74).

# Das Second-hand-Kaiserreich

Damit war also die deutsche Revolution obrigkeitsmäßig einwandfrei beendet. Um die aufgeregten Peoples regierungstechnisch wieder in den Griff zu kriegen, spendierten die Kings von Preußen (1848) und Österreich (1849) ihrem Pöbel einen harmlosen Verfassungsverschnitt. Darin standen so putzige Sachen wie Meinungs-, Glaubens- und Versammlungsfreiheit. Vor dem Gesetz sollte alles egal sein. Dahinter allerdings nicht. Die Gesetze wurden von einem Landtag zusammengepfriemelt, der nach dem Dreiklassenwahlrecht angerührt war. Da bei Abstimmungen der Kontostand mitgezählt wurde, mußten die Abgeordneten immer mit Verdienstbescheinigung rumtapern. Dröge Debatten konnte man sich dadurch meistens schenken. Durchgesetzt haben sich in der Regel eh die großen Scheine. Als es aber wider Erwarten 1862 mit dem Durchpeitschen des Wehr-

*Abb. 75 Der Tough-Guy Bismarck trickst den Landtag aus.*

etats und einer Verlängerung der Dienstzeit nicht so flutschte, wie der noch ofenwarme Wilhelm I. von Preußen (1861–1888) sich das dachte, machte er einfach den dickhäutigen Rittergutsbesitzer Otto von Bismarck zum Ministerpräsidenten. Selbigen kratzte die Meinung des Landtages wenig, wenn es um das Durchdrücken der postrevolutionären Rolle rückwärts ging (Abb. 75).

Die wirtschaftsmäßigen Rahmenbedingungen zeigten eine optimistische Tendenz. Um sich gegenseitig das Knetemachen zu erleichtern, von wegen Ausbeutung muß sich wieder lohnen und so, hatte man schon 1834 den deutschen Zollverein installiert. Mitglieder waren alle deutschen Staaten außer Österreich.

Abb. 76   *Bismarck ermetzelt Wilhelm I. die deutsche Kaiserkrone.*

Ziel war die Ausschaltung unnötiger Kommerz-Blocker, wie Schutzzölle und dergleichen. Das hat's dann auch irgendwie gebracht. Vor allem für Preußen, das im trüben die Fäden zog und dabei kräftig absahnte. Als Bismarck das Management übernahm, lief der Laden kommerzmäßig schon recht proper. Vor allem die Wirtschaftsbosse quengelten mit jeder Million, die sie ihren Arbeitern aus dem Kreuz leierten, aber lauter nach der totalen Einheit. Wahrscheinlich, um selber zu expandieren und ihre Filialen überall hinsemmeln zu können. Instinktiv war Otto von B. dafür ihr Mann. Als Wilhelm I. Bismarck von der Leine ließ, ging er voll straight auf seine Nachbarn los. 1864: Die Großmächte Preußen und Österreich bestrafen Dänemark für den versuchten Diebstahl von Schleswig. 1866: Preußen stänkert herum und legt sich mit Österreich und fast allen größeren deutschen Kleinstaaten an. Preußen gewinnt das Abschlachten bei Königgrätz. 1870: Bismarck lockt Frankreich durch gezielte Intrigen (Emser Depesche) aus der Reserve und gewinnt das große Gemetzel bei Sedan gegen den dritten Napoleon. 1871: Wilhelm I. von Preußen wird am 18. 1. in Versailles zum deutschen Kaiser hochstilisiert (Abb. 76). Am 28. 1. wurden noch schnell die Pariser Republikaner ausgehoben, die damit im dritten Versuch scheiterten.

Der Looser braucht für das Ausrauben nicht zu sorgen. Frankreich mußte jetzt ganz fürchterlich an Deutschland abdrücken. Auf die gesamtdeutsche Wirtschaft wirkten die französischen Milliardenspritzen wie ein eierwarmer Junischauer. Alles war hektisch im Rumrödeln und Firmengründen (Gründerjahre). Das meiste waren hohle Scheinfirmen oder Abschreibungsprojekte, die bald wieder zerbröselten. Die Krupps, Klöckners und Mannesmänner konnte sowas nicht jucken. Durch den Trick mit der Aktiengesellschaft war es ihnen gelungen, viele, viele bunte Geldgeber anzugraben und investitionsmäßig in die vollen zu gehen. Der Kaufkraftschub und die Innenpolitik des inzwischen zum Reichskanzler hochgefallenen Bismarck erleichterten ihnen das Verscherbeln ihres Eisenplunders. Selbst Mark und Pfennig für ganz Deutschland mußten noch erfunden werden, weil bisher die Schreber-Fürsten alle ihre eigenen Talerchen gebacken hatten. Mit zwei dicken Schwarten (StGB = Strafgesetzbuch und BGB = Bürgerliches Gesetzbuch), die Bismarck von irgendwelchen Ghostwritern herunternudeln ließ, setzte er seine Visions von Law and Order im neuen Kaiserreich durch. Um sich das Regieren und den Kapitalisten das Busineß zu erleichtern, verpaßte er dem zweiten Reich ein standardisiertes Verwaltungs-, Post- und Fernmeldesystem (Telegraphie). Auf der einen Seite also moderne Technik, auf der anderen, seit Karl dem Großen, außer Spesen nix

Abb. 77   *Das Bürgertum giert nach Adelstiteln.*

gewesen. Nach wie vor ging die verkalkte Fürsten- und Kaiserherrlichkeit den Untertanen ganz schön auf den Zeiger. Sogar die bürgerlichen Aufsteiger, die ihre Schäfchen im trockenen und mit der Revolution nix mehr am Hut hatten, mühten sich jetzt krampfhaft um den adeligen Life-Style (Abb. 77).

# Die soziale Frage löchert weiter

Alles prosperierte also positiv vor sich hin und hätte so richtig satt Bieder und Meier sein können. Aber diese nöligen Industriemalocher auf den schattigen Plätzen verbreiteten ständig schlechte Vibrations. Irgendwie hatten die geschnallt, daß sie sich schon selbst aus der Scheiße ziehen müssen, in der sie die

*Abb. 78   Marx und Engels turnen die Malocher an.*

Abzockerblase gerne sitzen lassen würde. Sie machten Vereine klar, mit denen sie sich gegenseitig beim Surviving unterstützten. Die einen wollten irgendwie das Beste aus der ganzen angerührten Kacke machen und forderten das Wahlrecht für Arbeiter und eigene Produktionsgenossenschaften. Der Schriftsteller Ferdinand Lassalle (1825–64) war prominenter Kopf dieser Abteilung und organisierte 1863 den allgemeinen deutschen Arbeiterverein. Die anderen ließen sich die fetzigen revolutionären Sprüche von Marx und Engels durch die Großhirnrinde rotieren und wollten den ätzenden High-Society-Müll erstmal unterpflügen und ganz was Neues austüfteln (Abb. 78).

1869 gründeten die mehr revolutionsmäßig Angehauchten ihre eigene Partei. Sie nannten ihre Truppe Sozialdemokratische Arbeiterpartei Deutschlands, und Bebels August (1840–1913) wurde ihr Bandleader. 1875 warfen sie ihre Klamotten mit den Lassalianern zusammen und gründeten die Sozialistische Arbeiterpartei Deutschlands. Im Berliner Reichstag spielten sie ab jetzt Tango auf den Nervensträngen des Eisernen Otto. Für seine verstaubten Denkschablonen mußten ihre Vorstellungen echte Hämmer sein. Da waren z. B.: ersatzlose Streichung von Großgrundbesitz, null Privateigentum an den Produktionsmitteln. Der gesellschaftliche Reichtum ist für alle da. Vor allem aber für die, die ihn ranschaffen: Arbeiter und Bauern. Das ganze parasitäre Kapitalistengesocks samt Fürsten und Kaiser ist so überflüssig wie ein Kropf. Völlig logo, daß der Sproß aus altem Abgreif-Adel um sein Rittergut bangte und von schweren Träumen geplagt wurde (Abb. 79).

Bismarck tat, was alle genialen Staatsmachos tun, wenn ihnen was tierisch auf die Nüsse geht: Er verbot den Sozis außerhalb des Reichstages das Maul. Das nötige Stimmvieh auf der Reichstagsalm für das Sozialistengesetz (1878) trieb er mit zwei Attentaten gegen den Kaiser zusammen, die er den Linken anhängte. Besonders helle kam er sich wohl vor, als er die Forderungen der Roten nach Kranken-, Unfall-, Invaliden- und Altersversicherung in stark verdünnter Form abkupferte und als seinen homöopathischen Staatssozialismus verkaufte. Damit wollte er den ewigen Miesmachern das Wasser aus den Segeln

*Abb. 79   Die Arbeiterbewegung verursachte bei Bismarck ein echt ungutes Feeling.*

nehmen. Was sich aber als Schuß in den Ofen entpuppte. Die Sozis dachten legal, illegal, scheißegal, tauchten ab und wühlten im Verborgenen. Wie alles Verbotene fanden die Leute sie jetzt saugeil. Ihre Reichstagsmandate verdoppelten sich von 12 (1881) auf 24 (1884). 1890 wurde das Sozialistengesetz wieder eingestampft. Wie sehr Bismarck dieses Kommunistenpack gefressen hatte, konnte man sich schon 1871 im besetzten Paris reintun. 25 000 Unterschichtsangehörige wurden hier, mit seiner Genehmigung, von französischen Killern umgenietet. Sie hatten gegen die deutschen Friedensbedingungen gemotzt und eine selbstverwaltete Kommune aufgezogen. Im Prinzip ähnlich, nur nicht ganz so heavy, verfuhr er auch mit den Katholi-

Abb. 80   Deutsche Lebensart in Afrika.

ken, von wegen Religionsfreiheit und so. Die schielten ihm zu sehr zum Konkurrenzunternehmen Österreich. Die katholische Zentrumspartei verdoppelte in dieser Zeit (1873/74) ihre Reichstagsmandate. Um seine Geldgeber bei Laune zu halten, schickte er mal eben 'n paar Kommandos nach Afrika auf Kriegspfad, zum Beute machen. Nachdem sie die Einheimischen aufgehauen hatten, wurde das Land an private deutsche Firmen verdealt, die den Bimbos erstmal gute deutsche Sklavenarbeit reinwürgten und sich dabei blöd verdienten (Abb. 80).

In Europa erwies sich Bismarck als Meister des oberaffengeheimen Geheimbundes, er war nämlich Innen- und Außenfuzzi in Personalunion. Mit Österreich-Ungarn bündelte er 1879 irrsinnig geheim gegen Rußland (Zweibund). Mit Österreich-Ungarn und Italien gegen Frankreich (Dreibundvertrag, 1882). Rußland und Deutschland versprachen 1887 in aller Stille, sich drei Jahre nicht weh zu tun, wenn irgendwo irgendwie was abgehen sollte (Rückversicherungsvertrag). 1888 starb Ottos Herrchen Kaiser Wilhelm I. Sein Sohn Friedrich III. war mit 56 gesundheitlich schon so ausgelutscht, daß er das kaiserliche Besteck drei Monate später für immer abgab. Nu war der nächste Sohn fällig. Wilhelm II. bestieg in aller Öffentlichkeit den Thron. 29jährig und wahnsinnsmäßig jungdynamisch bekam er recht bald Knatsch mit dem alten Hofhund Bismarck. Da der mit dem Reichstag auch nicht mehr klarkam, wurde er 1890 ganz cool in den Vorruhestand geschubst (Abb. 81).

Seine Nachfolger erwiesen sich als ziemliche Pfeifen. Wilhelm II. nicht minder. Innenpolitisch akkumulierte das Kapital wie Sau. Anonyme Superkonzerne entstanden. Mit Gewerkschaftsgründungen und Streiks powerten die Malocher dagegen an. Periodisch auftretende Wirtschafts-Break-Downs wurden jüdischen Bankiers und Volksverhetzern (Marx) untergejubelt. Im Kampf um den Rest der Welt hatten England, Frankreich und Rußland ihre Revierkämpfe beendet und 1907 einen flotten Dreier-Club eröffnet. Deutschland fühlte sich umzingelt und begann wie bekloppt aufzurüsten. Die anderen ließen sich nicht lumpen und stapelten auch noch eins drauf. Die europäi-

*Abb. 81   Bismarck wird von Wilhelm II. wegrationalisiert.*

schen Imperialisten standen sich jetzt bis an die dritten Zähne bewaffnet im Weg und warteten auf einen nichtigen Anlaß, um endlich die neuen Waffenmodelle ihrer Rüstungsindustrien anzutesten.

Mit drei Krisen als Vorspiel: 1905/06 der Ersten Marokkokrise, 1908 der Bosnischen Krise, 1911 der Zweiten Marokkokrise und einem Balkankrieg (1912/13) hat man sich erstmal nationalistisch aufgegeilt und die Völker so richtig heiß auf den großen Fight gemacht. Ein serbischer Nationalist wird am 28. Juni 1914 zur Zündkerze dieses explosiven Gemischs. In Sarajewo legte er den österreichischen Thronfolger mit seiner Alten um. Daß jetzt Deutschland Frankreich und Rußland den Krieg erklären mußte, erschien damals völlig logo und absolut gebongt. Die patriotischen Pappnasen hüben und drüben gierten so richtig danach, sich im Kampfgetümmel für ihr Vaterland ein Ding verpassen zu lassen. An Waffen wurde alles ausgepackt, was neu und teuer war. Maschinengewehre, Panzer, Flugzeuge, U-Boote und Giftgas. Karl der Große hätte sich alle elf Finger

Abb. 82   Die neuen Waffen sind total leistungsintensiv.

geschleckt nach derartigem Gerät. Damit konnte man aber auch so richtig schön reinhalten ins volle Menschenleben (Abb. 82).

Man hatte jetzt zwar in absoluter Rekordzeit Wahnsinnsmengen an Menschenmaterial verheizt (Allein 1916 in Verdun, Frankreich, bissen 317 000 Franzosen und 228 000 Deutsche ins Gras), aber irgendwie kam keine Seite siegmäßig so richtig zu Potte. Nach den 1917 gescheiterten müden Friedensverhandlungen flippte das Deutsche Reich völlig aus und erklärte der ganzen verdammten Welt den totalen U-Boot-Krieg. Man braucht keine große Leuchte zu sein, um zu raffen, daß das voll in die Hosen gehen mußte. Am 11. Nov. 1918 wurden Deutschland und seine Verbündeten Österreich-Ungarn, Türkei und Bulgarien definitiv ausgezählt. Italien hatte sich, trotz Dreibund, 1915 noch schnell auf die andere Seite geschlagen. Die Gewinner machten sich sofort über die Kolonien her und drückten Deutschland die Alleinschuld an dem ganzen Rotz auf. Die Kosten des Verfahrens in Höhe von 269 Mio. Goldmark, zahlbar in 42 Jahresraten, bekam es auch noch reingeschoben (Versailler Vertrag, 18. Jan. 1919).

# Die Nachwievorkriegszeit

Im Oktober 1918 wollten die kommißköpfigen Hardliner der OHL (Oberste Heeresleitung) die Hochseeflotte nochmal raushetzen. Und das, obwohl der Exitus schon vor der Tür lungerte

*Abb. 83  Bayrischer Revoluzzer auf der Zugspitze.*

und Waffenstillstandsverhandlungen angeleiert waren. In dieser Situation bewies das gemeine Volk, daß es sich auch gut in die Politik einbringen konnte: Die Matrosen in Kiel sagten NO! Sie griffen ihre Knarren, um sich right now für ihren eigenen Kram zu prügeln. Damit lagen sie offensichtlich voll im Trend. In vielen Städten bildeten sich jetzt ungezwungen und spontan Arbeiter- und Soldatenräte. Revolution war angesagt. Als am 7. Nov. 1918 in München die revolutionäre Luzie abging, schwante Kaiser Wilhelm II. nichts Gutes, und er verpfiff sich ins Ausland. Damit war dann auch das zweite Kaiserreich gegessen. Mit 47 Jahren etwas kurzlebiger als das erste tausendjährige, dafür aber mit Millionen Toten und mehreren Millionen Freaks (Krüppeln). In solchen ätzenden Momenten dämmerte es auch den Bayern, daß irgendwas faul war. Sie jagten ihre Wittelsbacher Dynastie in die Pampas und riefen urschreiartig am 8. Nov. 1918 den Freistaat aus (Abb. 83).

Am 9. Nov. 1918 fetzte es in Berlin wie Harry. Die SPD, seit 1912 stärkste Abteilung im Reichstag, erklärte die Republik für eröffnet. Inzwischen gab's allerdings noch 'ne unabhängige Sozialdemokratische Partei Deutschlands (USPD). Die war entstanden, weil die gute alte SPD schon 1912 nicht mehr ganz die alte war. Damals heulte sie mit den Wölfen im Reichstag nach Kohle zum Anheizen des Krieges (Kriegskredite). Dann gab's da noch den Spartakusbund (Spartakus war übrigens Vorsitzender eines Sklavenaufstandes im alten Rom). Die wollten Zustände wie im neuen Rußland. Äußerst clever hatten da nämlich schon 1917 die Untergebutterten und Eingemachten ihre null Chancen genutzt und mitten im Krieg ihr Herrscherhaus warm abgerissen. Ihr Chefdenker hieß Wladimir Iljitsch Lenin (1870–1924). Witzigerweise hatten die kaisertreuen Germans den extra aus dem Schweizer Exil nach Rußland gekarrt, um mit seinen marxistisch-leninistischen Theorien Chaos zu erzeugen und damit die russische Abwehr zu knacken. Daß der dann, zusammen mit Leo Trotzki und Millionen von Sympathisanten, die erste erfolgreiche Malocher- und Landwirtrevolution durchzog, war eine Panne. Wie dem auch sei, jedenfalls hatten die in Rußland seit Oktober 1917 eine aprilfrische Räterepublik (Rat = Sowjet) (Abb. 84).

*Abb. 84 Als Top-Manager der Revolution krempelt Lenin ganz Rußland um.*

Sowas in der Art wollten Rosa Luxemburg (1870–1919) und Karl Liebknecht (1871–1919), die Chefideologen des Spartakusbundes, auch für Deutschland. Inklusive der Enteignung von Großabzockern (Konzerne, Banken, flächendeckender Grundbesitz). Dadurch wurde in Berlin endgültig klargestellt, daß selbst Republikausrufungen in Deutschland gründlicher abgehen als anderswo. Vom Balkon des Reichstags wollte Phillip Scheidemann (1865–1939) von der SPD in der neuen Republik »die ganze Macht dem ganzen Volk« anhängen, während fast gleichzeitig Karl Liebknecht vor dem Berliner Schloß »alle Macht den Räten« in die Boots schieben wollte (Abb. 85).

Abb. 85  Das Volk wird mit Macht eingedeckt.

Auf jedenfall übernahm die SPD zusammen mit der USPD erstmal das ganze Regierungsgedöns. Vom 16. bis 19. Dez. 1918 stieg in Berlin der Reichsrätekongreß. Die Mehrheit der anwesenden Nasen waren SPD-Fans. Die Kongresser dachten bei sich, daß jetzt eine verfassungsgebende Nationalversammlung echt total angebracht wäre. Die müßte man dann auch rucki-zucki wählen. Um das ganze Chaos vor sich selbst zu schützen, stellte die Regierung Greiftrupps zusammen. Die wurden aus heimschleichenden Soldaten zusammengewürfelt und nannten sich Freikorps. Ruhe und Ordnung zu machen, hatten sie sich im Krieg angeeignet. Viele von denen hatten aber immer noch nichts gerafft und wollten ihren alten Kaiser Wilhelm wiederhaben. Diese Typen wurden z. B. losgeschickt, wenn der Spartakusbund mit seiner Hausgeburt, der KPD (Kommunistische Partei Deutschlands), die Weltrevolution vorantreiben wollte und ordentlich Rambazamba machte. Bei den resultierenden Scharmützeln wurden auch schon mal aus Versehen die richtigen Leute genickschußmäßig am Argumentieren gehindert. Z. B. am 15. Jan. 1919 Rosa Luxemburg und Karl Liebknecht. Wegen der vielen umherschweifenden Geschosse in Berlin verpißte sich die am 12. Jan. 1919 gewählte Nationalversammlung nach Weimar, um sich verfassungsmäßig zu verwirklichen. Die haben tatsächlich auch 'ne echt dufte Verfassung gestrickt. Gemischte Wahlen waren angesagt für Macker und Tussis über 20, mit einer Stimme pro Gesichtserker, unabhängig von den Kneteverhältnissen. Bloß an der Schotterverteilung im wirklichen Leben änderte sich vorläufig null. Trotz Zusammenbruchs waren die Reichen noch reicher als die Armen und hatten das nötige Startkapital. Viele kaisertreukonservierte Beamtenärsche durften sich in der neuen Demokratie auf ihren alten eingefurzten Sesseln weiter breitsitzen (Abb. 86).

Insgesamt waren also die Bedingungen für die fabrikneue Demokratie ziemlich tote Hose, als Friedrich Ebert (SPD) vorläufig zum Reichspräsidenten ausgelobt wurde. Der Reichskanzlerpart wurde mit Philipp Scheidemann (SPD) besetzt. Schon die erste Regierung war ein Kompromiß. Eine Dreierkiste zwischen SPD, Zentrum und Deutsch-Demokratischer Partei. Der alte Sumpf in neuen Feuchtgebieten gärte und blubberte.

*Abb. 86   Durchdressierte Vollbeamte machen in Demokratie.*

Im April 1919 machten die Linken in München eine fidele Räterepublik auf. Die Regierung fand das gar nicht witzig und knallte den Eigenbrötlern eine vor den Latz. Eine Groß-Demo von USPD und KPD in Berlin wird mit demokratischen Maschinengewehrsalven vom Gegenteil überzeugt (42 Tote). Langsam fanden auch die rechtsnationalen Rückwärtsdenker zu ihrer alten dummdreisten Aufdringlichkeit zurück. Der verkappte Prä-Nazi und Freikorpshäuptling Kapp putschte in Berlin, die Regierung flutschte taktisch geschickt nach Stuttgart. Ein Generalstreik der Gewerkschaften beendete den Überraschungscoup des gehirnamputierten Spießbürgers. Vom 15. März bis 10. Mai 1920 rührten die Kommis das Ruhrgebiet auf. Einfallende Freikorpshorden wurden von der Red Army auf die Plätze verwiesen. Erst die Reichswehr stellte die verfahrene Lage wieder her. Am 6. Juni 1920 verlor die Koalitionsregierung durch Neuwahlen ihre satte ¾ Mehrheit. Die USPD vervierfachte sich, den Rechtsparteien gelang eine Verdoppelung. Die neue Regierung wurde ohne SPD von der DVP (Deutsche Volkspartei) zusammengestoppelt. Am 10. Mai 1921 hatten die aber wegen der nervigen Reparationszahlungen keinen Bock mehr. Die alte Weimarer Koalition übernahm wieder und quälte die Ratenzahlungen weiter voran. Als Reichskanzler mußte Wirth vom Zentrum herhalten. Die Volkswirtschaft hing in den Seilen, das einzige, was echt gut losging, war die Inflationsrate (Abb. 87) und die Arbeitslosenzahlen.

Abb. 87

Die Weimarer Republik wechselte zeitweise ihre Regierungen wie andere Leute die Socken: zweimal im Jahr. Die kamen alle mit den Reparationsraten nicht klar. Vor allem die Franzosen bestanden auf dem Zaster und schickten am 11. Jan. 1923 ihre Inkassotrupps ins Ruhrgebiet zum Kohlen-Eintreiben. Um die arg gebeutelte Republik zu retten, übernahmen SPD, DDP, Zentrum und DVP das Krisenmanagement, mit Gustav Stresemann (DVP) auf dem Reichskanzler-Schleudersitz. Der nahm die Inflation aus dem Programm. 1 Billion waren ab sofort 1 Rentenmark (später Reichsmark). Kurz vorher hatten noch'n paar Geldhaie alte Kredite mit Inflationspapier bezahlt und dabei einen satten Schnitt gemacht. Alfred Hugenbergs Medienkonzern mit Rechtsdrall z. B. konnte sich durch so ein Manöver deutlich aufblasen. Aus der versyphten rechten Ecke kam auch der nächste Putsch, 1923 in München. Adolf Hitler, ein verkrachter österreichischer Kleinbürger aus Braunau, zog die Nummer ab. Seit 1920 ging er mit dem selbstgeschnitzten Programm seiner ominösen National-Sozialistischen Deutschen Arbeiterpartei (NSDAP) hausieren. Seine Ergüsse verkauften sich recht gut, weil sie davon ausgingen, daß immer die anderen schuld sind. Vor allem Juden, Marxisten, Sozis und Ausländer (Abb. 88).

Von München aus erklärte er rotzfrech die Landes- und Reichsregierung für gestorben. Die freiwerdende Reichskanzlerplanstelle wollte er mit sich selbst verwirklichen. Leider zogen Reichswehr und Polizei nicht so mit, wie er sich das ausgekungelt hatte, obwohl er extra einen echten General (Ludendorf) für den Staatsstreich rausputzen ließ. Das Ganze endete als Flopp. Hitler wurde eingebuchtet, die NSDAP verboten. Er wurde zwar zu fünf Jahren verknackt, war aber nach einem schon wieder draußen. In dem Jahr konnte er locker seinen Bestseller vorbereiten. »Mein Kampf« hieß die Schwarte, in der er Unmengen geduldiges Papier mit seinen Denkversuchen malträtierte. Darin verklickerte er den Malochern, daß die reichen Juden an der Arbeitslosigkeit und dem ganzen Scheiß schuld sind. Bei den reichen Deutschen biederte er sich mit der Demokratie- und Marxismusentsorgung an. Bis 1932 wurden von dem Schrott immerhin schon 287 000 verhökert. Ende 1923

*Abb. 88   Hitlers Hirnblähungen streichen durchs Land.*

haute Stresemann als Reichskanzler in den Sack. Der Neue hieß Dr. Marx (nicht verwandt od. verschwägert mit Karl, kein Marxist) und war vom Zentrum. Stresemann wurde Außenfuzzi. Durch originelle diplomatische Gags (Abb. 89) handelte er die Ratenzahlungen herunter und schindete noch einen neuen Kredit heraus (800 Millionen Goldmark).

*Abb. 89  Mit ausgebuffter Verhandlungstaktik zieht Stresemann (3. von links und rechts) eine neue Kreditlinie an Land.*

# Up and Away

Wirtschaftsmäßig stiegen die Aktien. Besonders die Industriedinosaurier wie Krupp, Siemens, Hoechst und so legten deutlich an Masse zu. Die Gewerkschaften drückten mit Streiks und Malocher-Solidarity den Acht-Stunden-Tag, die Arbeitslosenversicherung und die Arbeitsgerichte durch, ohne daß alles den Bach runterging, wie von den Big Bossen penetrant rumgeseiert

Abb. 90  Gläubiger Monopolkapitalist bequatscht sich mit seinem Vorgesetzten.

wurde. Trotzdem gelang es den Dumpfmaiern von rechts schon 1925 bei den Reichspräsidentenwahlen, für ihren 77jährigen senilen Feldmarschall von Hindenburg 14,6 Millionen Stimmen einzufahren. Damit hatte er den Job des verblichenen Friedrich Ebert. Zweiter wurde Dr. Marx vom Zentrum (13,7 Mio.). Bronze nahm Ernst Thälmann von der KPD (6,4 Mio.) mit nach Hause. Hitlers Adolf stand mit seiner neu gegründeten NSDAP seit dem 27. 2. 1925 auch schon wieder auf der Matte. Dem gestreßten Wahlvolk imponierte wohl die großfressige Art der Deutschdümmlichen, gegen die Reparationsraten zu hetzen. Am 25. Okt. 1929 klappte dann beknackterweise die kapitalistische Weltwirtschaft systembedingt zusammen (Schwarzer Freitag). An der New Yorker Börse joggten die Aktien ganz tief unter Null. Alle anderen Börsen kasperten hinterher. Die ausländischen Bankgeier zitterten um ihren schnöden Mammon und wollten von Deutschland sämtliche Kredite auf einen Hieb zurückhaben, samt Zinsen, Zinseszinsen und Zinseszinseszinsen (Abb. 90).

# Down to the Ground

Geldmäßig wurde es jetzt echt eng im Big Busineß. Die Überflußproduktion mußte mit gebremstem Schaum gefahren werden. Unmengen von Malochern verloren ihren beschissenen Job und waren auf die noch beschissenere staatliche Stütze angewiesen. Wieder mal warf ein Reichskanzler 1930 das Handtuch (Hermann Müller, SPD). Jetzt bekam Heinrich Brü-

*Abb. 91 Hitlers Krönung zum Reichskanzler wird von langen Fingern angerührt.*

ning vom Zentrum den Zuschlag. Er machte voll einen auf Gürtel-enger-Schnallen bis zum letzten Loch. Außenpolitisch fingerte er zwar die Stundung der Raten für den letzten Weltkrieg, trotzdem jetteten die Arbeitslosenzahlen in bisher ungeahnte Höhen (1932: 5,5 Mio). Die linken (KPD) und rechten Flügel (NSDAP) der Republik schlugen heftigst aufeinander ein. Mit Adolfs griffiger Juden-, Marxismus- und Demokratie-Hassertheorie quirlte seine NSDAP den Leuten das Hirn durch. Die Schlägertrupps von der SA (Sturmabteilung) gaben ihnen den Rest. Die staatstragenden Partys (SPD, DDP/Staatspartei, Zentrum/BVP) wechselten weiter wie gehabt ratlos die Kanzler aus und verfolgten angesäuert ihren Wählerschwund. Sie waren jetzt schon soweit, daß sie bei der Reichspräsidentenwahl 1932 lieber den ollen Kalkeimer Hindenburg wiederwählten, nur um den neurotischen Brüllaffen Hitler als Präsidenten zu verhindern. Der Nulldurchblicker Hindenburg wurde aber von einschlägig bekannten, lichtscheuen Wirtschaftskreisen dermaßen bearbeitet, daß er nicht umhin konnte, Hitler am 30. Januar 1933 zum Reichskanzler zu manipulieren (Abb. 91).

## Der tausendjährige Seich

Kaum war Hitler Kanzler, löste ganz zufällig der olle Hindenburg am 1. Feb. 1933 den Reichstag in Wohlgefallen auf und leierte Neuwahlen an. Am 27. Feb. 1933 brennt ganz zufällig der aufgelöste Reichstag. Zufälligerweise war der Stifter des Brandes ein Kommunist und die Gelegenheit top, um gleich die ganze KPD-Plage zu verbieten. Um so richtig mit Schmackes Kommunisten verfolgen zu können, wurde eine Notverordnung verlötet, die die wichtigsten Grundrechte als demokratischen Schnick-Schnack aus dem Verkehr zog. Trotz massivster Knetezufuhr aus Großindustrie und Finanzschickeria konnte die NSDAP nur 44% der Wähler für dumm verkaufen. Mit allen möglichen Schikanen und plumpen Versprechungen kriegte Adolf die Reichstagsfuzzis (außer SPD und KPD) am 23. März 1933 dazu rum, ihn mal vier Jahre ohne diesen ganzen Parlamentskiki drauflosregieren zu lassen (Ermächtigungsgesetz) (Abb. 92).

Wahrscheinlich dachten diese pappnasigen Parlamentarier, ein Schwachkopf managt die Kiste cooler als viele. Adolf ließ auch nichts anbrennen und zeigte sofort, wes Geistes Nachgeburt er ist. Ab sofort war One-Way-Denken angesagt. Ein kluger Satz konnte jetzt locker die Daseinsgenehmigung kosten. Vor allem Juden, Kommunisten, Gewerkschafter, SPDler und engagierte Christen waren ab sofort im Dauerstreß. Selbst vor seiner eigenen Blase machte er nicht halt. Die Führer der SA ließ er umnieten, weil sie seiner Karriere im Weg rumlungerten.
Alle selbständigen Institutionen wie: Länder, Gewerkschaften, Parteien, Rundfunk und Presse wurden mit brauner Idiotie abgefüllt und durften nur noch »Mein Kampf« rezitieren. Als am 2. Aug. 1934 Hindenburg das Ticket ohne Wiederkehr buchte, stand Hitler sofort auf der Matte, um sich auch noch das Amt des Reichspräsidenten einzunähen. Nun war die Republik auch formalrechtlich im Eimer, und die Teutonen hatten wieder ihren Kaiser, der sich jetzt »Der Führer« titulierte und anfing, vom III. Reich zu faseln, das endlich mal wieder tausend Jährchen runterreißen sollte. Dazu hatte er sich mit seinen

Kumpanen eine Rassentheorie zurechtgeschustert, die die marxistische Klassentheorie zukleistern sollte. Das deutsche Volk bestand nicht mehr aus Kapitalistenschweinen und armen Schweinen, sondern nur noch aus coolen überlegenen Germanen, die ständig blond und blauäugig aus der Wäsche glotzen sollten. Die bösen Feinde waren Juden, Zigeuner und Slawen.

Abb. 92   Hitlers Aufstieg flutscht wie geschmiert.

*Abb. 93  Zum Verticken des Nazi-Geseiers steht Joe Goebbels ein satter Werbeetat zur Verfügung.*

Um mit diesem ganzen Seich den Leuten penetrant in den Ohren zu liegen, wurde Josef Goebbels als Propagandaminister angeheuert (Abb. 93).
Besonders Hitlers billiger Taschenspielertrick, die Arbeitslosen von der Straße verschwinden zu lassen, haute bei den Leuten voll rein (Abb. 94). Er ließ sie einheitlich verpacken, drückte

ihnen Hacke und Schaufel in die Pranke und ließ sie z. B.
Autobahnen bauen oder Kanonen oder Panzer oder Lastwagen
oder Flugzeuge usw. Das alles für eine warme Suppe und einen
feuchten Händedruck. Die alten und neuen Multiabsahner
waren happy. Die Schornsteine gaben Schadstoffe ab, und die
Kassen schepperten. Daß diese ganzen ABM-Maßnahmen auf
Pump liefen, juckte kein Kapitalistenschwein. Mit der Rassen-
lehre konnten deutsche Bonzen ihren lästigen jüdischen Kon-
kurrenten einfach die Kohlen abnehmen und sie ins Lager

*Abb. 94   Adolf zaubert die Durchhänger von der Straße.*

jagen. Den Rest konnte man sich noch von den Untermenschen im Osten abgreifen. Wozu hatte man schließlich den ganzen Waffenplunder gebaut.

Hitler hielt seine pathologischen Gedankenmutationen für so heißen Stoff, daß er damit das ganze Volk zwangsweise anfixen wollte. Dazu bastelten die Nazis schon im Vorcomputerzeitalter an der totalen Datenerfassung rum. An den Schulen durften nur noch Teacher rumblödeln, die den national-sozialistischen Einheitsbrei verfütterten. Als Halbstarke wurden die Kids in die Hitlerjugend (HJ) oder den Bund Deutscher Mädels (BDM) gepfercht. Mit Lagerfeuer und Tralala sollten sie hier zu einer »gewalttätigen, herrischen, unerschrockenen und grausamen Jugend« angestiftet werden. Den Freizeitbereich der Erwachsenen deckten geschwätzige Nazi-Animateure voll ab (Abb. 95). Auf billigen Kaffeefahrten wurden die Leute mit Nazi-Propaganda zugeschüttet. Das alles verkaufte sich unter dem Slogan »Kraft durch Fun« (KDF).

Bezahlt wurden diese Actions mit beschlagnahmter Gewerkschaftsknete und dem Zwangsobulus zur »Deutschen Arbeitsfront« (DAF), den jeder Malocher abdrücken mußte. Schriftsteller und Künstler, die nicht stromlinienförmig in der braunen Brühe mitschwammen, hatten massive Überlebensprobleme. Ihre Bücher wurden öffentlich abgefackelt, ihre Kunst als »entartet« madig gemacht (z. B. Berthold Brecht, Kurt Tucholsky, Thomas und Heinrich Mann, Stefan Zweig u. a.). Auch die Nazis schnitzten sich ihre Gesetze nach Schnauze. Per Nürnberger Gesetz wurde den Juden 1935 das Wählen verboten. Juden und Nichtjuden durften's ab sofort nicht mehr miteinander treiben. Heiraten war auch nicht mehr. 1938 blies ein junger Jude in Paris einen deutschen Botschaftsrat aus dem Anzug. Daraufhin rastete Goebbels gezielt aus und gab die Juden zum Abschuß frei. Spießige Krämerseelen und parteieigene Totschläger ließen das innere Arschloch raus und mischten systematisch jüdische Geschäfte, Synagogen und Häuser auf (Reichskristallnacht, 9.–10. Nov. 1938). 26 000 Juden gingen ab ins KZ. Deutsche Aasgeier krallten sich die leeren Betriebe und Geschäfte. 1939 gab Hitler öffentlich das von

Abb. 95  Subtile Propaganda auf treudeutschen Kaffeetrips.

sich, was später keiner mehr gewußt haben will: »Die Vernichtung der jüdischen Rasse in Europa«, für den Fall eines Krieges. Daß sowas in der Art abgehen mußte, hatte Hitler schon 1937 den Obermotzen von der Wehrmacht verklickert. Bis spätestens 1943 oder so wollte er mit Gewalt neue Immobilien. 1938 holte er die Österreicher heim ins Reich. Die Pfeifen freuten sich sogar noch. 1939 sackte er die Tschechoslowakei ein und provozierte Polen. England und Frankreich stellten Polen einen Garantieschein aus. Trotzdem machte sich Adolf am 1. Sept. 1939 über die Polen her und trat damit den Zweiten Weltkrieg an (Abb. 96).

*Abb. 96 Endlich kann Adolf seine Zwecke mit anderen Mitteln durchziehen.*

England und Frankreich erklärten zwei Tage später Deutschland den Krieg. War aber überflüssig, die hatten das alles schon geschnallt. Für Adolf war es sowieso der Krieg zum Buch, Lebensraum im Osten, Untermenschen und so. Logo, daß die

Nazis in Polen voll den Herrenmenschen raushängen ließen.
Millionen von Polen durften sich als Wegwerfsklaven für deutsche Großkonzerne totmalochen oder bekamen gleich den Fangschuß. Den Juden in den besetzten Countrys und daheim im Reiche ging es ganz dito. Und besetzt wurde wie Sau: 1940 Dänemark, Norwegen, Benelux-Länder und ein Teil von Frankreich. Selbst der bescheuertste Vollidiot findet immer noch ein paar gleichgesinnte Fans. So paktierte Hitler mit Italien und Japan. Was Wunder, in Italien blies sich der feiste Fascho Mussolini als »Duce« (Führer) auf, und der Japsenkaiser war auch so'n verkappter Altfaschist. Die Judenvernichtung im großen Stil war allerdings typisch nazi-deutsch. 1941 riß sich Adolf Jugoslawien und Griechenland unter den Nagel. Jetzt wurde es langsam eng in den KZs. Am 20. Jan. 1942 beschloß die »Wannsee-Konferenz« die high-tech-mäßige »Endlösung der Judenfrage«.
In den Städten wurden die Juden in abgeschlossenen Ghettos gehalten und mußten mit dem Judenstern rumrennen. Gegen diesen ganzen oberätzenden Hyperstumpfsinn und menschheitsmäßigen Nullpunkt gab's natürlich auch Widerstand. 1938 versuchte der Schweizer Maurice Bavoud (1916–1941) und 1939 der Deutsche Georg Elser (1903–1945), Hitlers armselige Lebensfunzel auszublasen. Ging leider daneben. Beide bekamen die Kugel. Gewerkschaften, SPD und KPD wühlten wakker im subversiven Underground. Teile der Kirche muckten hie und da auf. Jugendgangs (Edelweiß-Piraten) nahmen den aussichtslosen Himmelfahrts-Fight mit HJ und NSDAP auf. Die Aktivisten der studentischen Widerstandsgruppe »Weiße Rose«, die Geschwister Hans und Sophie Scholl, wurden am 22. 2. 1943 wegen einer Flugblattaktion gekillt. 1943 wollten die Warschauer Juden lieber im offenen Aufstand untergehen, als wie Lemminge ins Gas zu tapern. Mit derart zerbröselten Aktionen war das braune Schweinesystem von innen nicht zu knacken. Dafür ging's der schweigenden Mehrheit einfach zu bon. Jedenfalls am Anfang. Rauben und Brandschatzen hoben den Lebensstandard. Bis auf England und Rußland war ganz Europa kackbraun. Selbst in Afrika waren Krauts und Spaghettis zugange. Adolf hielt sich jetzt schon für den besseren Napoleon und scheuchte die Army in totaler Siegerlaune im Juni 1941 gen

Osten, mal eben blitzartig die Kommunisten plattmachen.
Trotz Nicht-Angriffspakt. Die Sache lief anfangs auch ganz top.
Bis kurz vor Moskau. Da kam der nächste Winter. Hitler hatte
seinen Kriegern ebenfalls keine warmen Socken eingepackt und
lief damit genauso auf wie weiland sein großes Vorbild. Als
größter Feldherr aller Zeiten (GRÖFAZ) erklärte er auch noch
im Dezember den Amis den Krieg, um die Japaner zu supporten
(Abb. 97).

*Abb. 97   Cool und souverän hat Adolf den Vielfrontenkrieg im Griff.*

*Abb. 98 Nach der Überdröhnung ist 1945 der große Filmriß angesagt.*

Ab jetzt gings militärstrategisch-siegmäßig voll bergab. Bei Stalingrad bekamen die Herrenmenschen von den Russen tierisch viel rassisch Minderwertiges auf die Mütze (1942–1943). Englische und amerikanische Bomben zerfetzten derweil daheim im Reich nicht nur die Nervenkostüme. Seit der Erfindung des Radars konnten die Germans auch ihre U-Boote vergessen, die's mal wieder bringen sollten. Im Juli 1943 eierten die Alliierten über Sizilien nach Italien und schlugen Mussolini die Powerhebel aus den Wurstgriffeln. Die flexiblen Italianos checkten sofort die Lage, wechselten fix die Seiten und erklärten Deutschland im Oktober '43 spontan den Krieg. Im Juni '44 konnten Amis und Tommys eine astreine Invasion in der Normandie landen, Frankreich frei machen und den Nazis im Westen auf die Füße trampeln. Jetzt endlich dämmerte es einer Handvoll deutscher Militärs, daß Adolf vielleicht doch nicht der Geilste ist. Am 20. Juli 1944 versiebten sie ein Attentat auf den Gröfaz und wurden hingemacht. Von Januar bis März 1945 schoben die Sowjets von Osten her kräftige Truppen nach. Der dritte Versuch eines tausendjährigen Reiches wurde zwischen den Fronten pulverisiert. Als die Alliierten in Deutschland einstiegen, fanden sie einen einzigen großen Blackout vor. Hitler und Goebbels hatten sich in den ewigen Reichsparteitag verpißt, und der Rest hatte null Durchblick (Abb. 98).

## Die Stunde der Nullen

Wenn die völlig neben der Spur eiernde Menschheit alles so gut drauf hätte, wie sich gegenseitig abzumurksen, wäre sie alle natürlichen Probleme los. Das sechsjährige Austesten allerfeinster ultrawissenschaftlicher Massenvernichtungsgeräte ließ sie sich locker mindestens 55 Millionen Tote kosten. Echt durchgezählt hat sie eh' keiner. Allein die Nazis schafften ca.: 20 Mio. Russen, 6 Mio. Polen und 6 Mio. Juden. Die alliierten Kammerjäger einigten sich nach der bedingungslosen deutschen Kapitulation im Mai '45 auf eine flotte Entnazifizierung. Den Ober-Nazi-Zombies sollte in Nürnberg ordentlich der Marsch geblasen werden (Nürnberger Prozesse). Zwölf von ihnen wurden mit dem Segen eines internationalen Militärtribunals sofort zertreten. Deutschland glich jetzt einer überfüllten Bahnhofstoilette: total beschissen und besetzt. Der ganze Osten des Reiches ging an Rußland und Polen. Den Rest parzellierten die Sieger in vier handliche Besatzungszonen. Eine für Rußland, eine für Amerika, eine für England und eine für Frankreich. Die weitere Entnazifizierung, vor allem der amerikanischen Zone, baggerte echt Wundersames an die apathische Öffentlichkeit: 98% der Nazis waren gar keine und davon 50% Widerstandskämpfer. Jeder hatte mindestens einen Juden im Keller versteckt, aber konzentrationslagermäßig null Checkung gehabt. Außerdem waren die Leute eh' alle im Überlebensstreß und hatten andere Sorgen. Jetzt schnallten die Amis, Engländer und Franzosen, daß die Russen ja knallharte Kommis waren, die dem Kapitalismus ans Eingemachte wollten. Sie warfen ihre drei Zonen zur Trizone zusammen, schotteten sie gegen Osten ab und zogen auf eigene Faust 1948 eine Währungsreform durch (10 Reichsmark = 1 DM). Damit war die Deutschmark erfunden. Die Russen machten sich ihre sozialistische Währungsreform in der Ostzone fertig. Mit amerikanischen Dollarspritzen (Marshallplan) wurde in der Trizone der abgeschlaffte Spätkapitalismus hochgewichst (Abb. 99).

In Berlin spulte sich der gleiche Film nochmal in Grün ab. Allerdings mit dem feinen Unterschied, daß hier die drei Westsektoren total vom Kommunismus umzingelt waren. 1948 ließ der Chefrusse Stalin alle Land- und Wasserwege nach Westberlin dichtmachen. Die Amis versorgten daraufhin ihre kapitalistische Luftblase im kommunistischen Sumpf aus der Luft. Stalin warf das Handtuch. Vielleicht hatte er da Muffe vor der amerikanischen Atombombe. Im August 1945 ließen die Amerikaner nämlich zwei von diesen Teilen auf Japan klatschen (Hiroshima, Nagasaki), um damit der Welt zu zeigen, wo ab jetzt der

*Abb. 99   Der Wiederaufbau wird zur profitgeilen Vollbeschäftigungsorgie.*

große Hammer hing. Reiner Zufall, daß die Nazis nicht zuerst am Drücker waren. Das spielte aber schon fast keine Geige mehr, weil die Kommunisten nun plötzlich als die Überätzgefahr an die Wand gepanscht wurden. Am 23. Mai 49 wurde die Trizone in die parlamentarische Demokratie umgetütet und zur Bundesrepublik Deutschland (BRD) ernannt. Im Prinzip das gleiche wie die Weimarer Republik, nur irgendwie anders und mit der Fünf-Prozent-Klausel. Die Ostzone bekam ab Oktober

Abb. 100   Der Marshallplan läßt die Puppen abtanzen
(v. l. n. r. Adenauer, Erhard).

49 von den Russen eine Deutsche Demokratische Republik (DDR) nach sowjetischer Masche aufgedrückt. Das erstemal demokratiemäßig in Erscheinung trat die BRD im Herbst 1949, durch die Zelebrierung der Bundestagswahl. Mit einer Stimme Mehrheit vor dem SPD-Kandidaten Kurt Schuhmacher wurde der scheintote Dr. Konrad Adenauer (1876–1967) erster Bundeskanzler. Er war Mitglied der konservativen CDU (Christlich Demokratische Union), die nach dem Breakdown in aller Eile zusammengeschustert wurde. Mit seinem Wirtschaftsminister Ludwig Erhard (1897–1977) und der vielen Marshallplanknete zogen sie in den fünfziger Jahren die poppige Wirtschaftswundernummer ab (Abb. 100).

Hatten die einschlägig bekannten Multiabzocker (Großindustrie, Konzerne usw.) schon mit Puttmachen ihre satten Schnitte gemacht, so zockten sie mit dem hemmungslosen Wiederaufundzubau ebenfalls ein Schweinegeld ab. Da die USA für den Zweiten Weltkrieg weniger abdrücken mußten wie z. B. die UdSSR, konnten sie jetzt großkotzig Scheine rüberwachsen lassen, um die BRD bollwerkmäßig gegen den Kommunismus rauszuputzen. Als die meisten Bundesbürger schon dermaßen mit American Way-of-Live zugedröhnt waren, daß sie nur noch konsumieren und wegwerfen wollten, gelang es dem amerikanischen Interessentenvertreter Adenauer, die BRD in die NATO (North Atlantic Treaty Organization) zu quälen (1955) und die Wiederbewaffnung durchzupeitschen (1956). Da die USA den Westdeutschen jetzt ihren alten Waffenschrott verticken konnten, zahlten sich ihre Investitionen bald wieder aus. Überhaupt, rechnete man den ganzen an die Wessis verhökerten Konsumkiki noch dazu, als da sind Autos, Platten, Kaugummis, Zigaretten, Coca Cola und so'n Summs, dürften die cleveren Amis unterm Strich ein schönes Schnäppchen gemacht haben. Doch was soll's, ein paar verdammt heiße Scheiben waren schon dabei (Abb. 101).

*Abb. 101   Durch den Rock'n Roll kommen die Fünfziger etwas erträglicher rüber.*

# Das Gleichgewicht des Horrors

1946 rührten die Sowjets in ihrer schnuckeligen kleinen Besatzungszone die neue KPD zwangsweise mit der frischen SPD zur brandneuen SED (Sozialistische Einheitspartei Deutschlands) zusammen. Diese sollte als fürchterlich zentrale Kaderpartei,

*Abb. 102   Das schreckliche Gleichgewicht verhindert ein Anbrennen des kalten Krieges.*

die immer unheimlich recht hat, den echt realen Sozialismus hochziehen. Kräftig Reparationen abziehen wollten die Russen aber auch. Für die DDR-Peoples hieß das, ackern wie die Bekloppten, aber lebensstandardmäßig nicht so viel auf der Naht zu haben. Irgendwie sollte ihnen zwar der ganze Krempel jetzt gehören, doch wie schnell und wie viel zu hackeln war, wurde immer noch vertikal angesagt. 1953 sollten die Arbeitsnormen um 10% höher gehängt werden, ohne daß die Malocher mehr Bares gesehen hätten. Am 17. Juni '53 kam es zur großen Randale in der DDR, mit verschärften Straßenaktionen. Die Russenpanzer wälzten das ganze Gedöns extrem avanti platt: Das brachte viele Tote und den großen Frust. 1955 bastelte der Osten sich auch sowas Ähnliches, wie es der Westen schon seit 49 mit der Nato hatte, und nannte es Warschauer Pakt. Die DDR war natürlich miteingepackt. Nun stand sich das ganze Pack blockmäßig gegenüber und beäugte sich mißtrauisch. Da die Russen derweil auch ihre Atomknaller hatten, wurden die Amis mit dem Einsatz ihrer Heuler zurückhaltender und starteten eine völlig ausgeklinkte Überproduktion von Rüstungsmüll. Die Russen zogen nach, und so kam es zum abgefahrensten Wettrüsten in der Geschichte des bemannten Stoffwechsels (Abb. 102).

# Die Kurzen von Marx und Coca-Cola

Mit steigendem Bruttosozialprodukt düste die Zeit in der BRD wie im Airbus vorbei. Bevor Adenauer, siebenundachtzigjährig, aus taktischen Gründen die Flatter machte, fuhr er noch

Abb. 103   *Die Studentenhektik geht den Malochern auf die Nüsse.*

schnell den deutsch-französischen Freundschaftsvertrag ein (1963). Der gut im Futter stehende Wirtschaftswunderkasper Ludwig Erhard (CDU) wollte jetzt auch mal Kanzler spielen. 1967 drehten die Öl-Scheichs nur kurz den Hahn zu, und die Wunder-Ökonomie kam ins Schleudern. Erhard blubberte irgendwas von Maßhalten und so, konnte aber nicht rüberbringen, was nun eigentlich Sache is. Er wurde mit seiner angeeierten CDU/CSU/FDP-Koalition ausgehebelt. Kurt Georg Kiesinger (CDU), mit einer tragisch angebräunten Vergangenheit, wurde Kanzler fast aller Neo-Demokraten über 5%. Die große Koalition (CDU/CSU/SPD) war angesagt. Durch die Ölkrise leicht in Panik, mauschelten sie sich für extrem schattige Zustände die Notstandsgesetze zurecht (1968). Vor allem die ausgeschlafenen Studis fanden das echt ätzend und entnervten die dösigen Bürger mit außerparlamentarischen Happenings (APO) (Abb. 103).

Die Brüder und Schwestern im Osten hinter dem Heavy-Metall-Vorhang hatten echt andere Troubles. Sie dümpelten quasi in einem großen Freigehege mit ausbruchsicheren Starkstromzäunen, Selbstschüssen und, seit dem 13. Aug. 1961, in Berlin sogar mit totchicer Betonmauer. Walter Ulbricht, leitender Labersack der SED, klappte die Bürgersteige hoch, um in aller Stille den Sozialismus auf attraktiv und preiswert zu trimmen, ohne daß ihm die Konkurrenz von der Kapitalismusfiliale BRD ständig die Kunden abzog. Arschklar, daß das hirnrissige Wettrüsten jetzt erst recht gnadenlos durchgenudelt wurde. Vor allem die Kids hatten nach zwei abgefuckten Weltkriegen mit dieser leichenstarren Greisenpolitik für Totgeburten nichts am Hut. Im Westen schossen Subkulturen ins Kraut, mit eigener Message und Dröhnung. Make love, not war und Flower-Power waren z. B. das Grundgesetz der Hippie-Scene, die aus den USA angetanzt kam und die Leistungsprinzipienreiter aller Länder ganz wuschig machte (Abb. 104).

Ein Spot-Light aus den Sechzigern sollte noch erwähnt werden. Der tranfunzelige Bundespräsident Heinrich Lübke. Echt abgedreht der Typ. Der kriegte in Japan Osaka (jap. Stadt) und Okasa (Damenbinden) nicht auf die Reihe und quatschte die

Afrikaner mit »meine Damen und Herren, liebe Neger« an. Er blinzelte aus der Wäsche, als könnte er nicht bis drei zählen, hatte aber bei den Nazis am KZ-Bau mit rumgefingert. Überhaupt juckte ein braunes Plusquamperfektum kaum noch beim Karrieretrip. Im Gegenteil, damit konnte man wieder locker Ministerpräsident, Richter oder sonstwas Staatstragendes werden. Auch so 'ne Art neuer Hugenberg-Konzern (s. Weimarer

*Abb. 104   Abgefahrene Hippies beim Leistungsverweigern.*

*Abb. 105   Axel Cäsar Springer räumt in Wallcity auf.*

Republik) tummelte sich rechtslastig auf der Medien-Szene. Springer-Verlag hieß das Monstrum. Mit seinen journaillemäßigen Ausdünstungen hetzte er solange gegen die Studentenbewegung, bis ein geistiger Querschläger zufällig ihren Frontmann, Rudi Dutschke, in Berlin abschoß (1968), der zwölf Jahre danach an den Spätfolgen abnibbelte (Abb. 105).

## Das sozialliberale Doppel

Auch der allseits bekannte Rechtsaußen-Poltergeist Franz-Josef
Strauß (CSU) drückte sich damals schon auf der Polit-Szene rum
und heizte das Kommunisten-Hetzklima kräftig mit an. Auch
seine Vergangenheit reichte tief in die braune Kacke. Er
powerte für die friedliche und unfriedliche Nutzung der Atom-
energie. Kernkraftwerke für die Wirtschaft, A-Bomben für die
Bundeswehr. Vielleicht war das der FDP irgendwie zu heavy
oder so, jedenfalls koalierte sie 1969 aus irgendwelchen Gründen mit der SPD. Bundeskanzler wurde Willi Brandt (SPD),
Außenminister Walter Scheel (FDP) (Abb. 106).

Das sozialliberale Doppel machte schwer einen auf sozial und
liberal. Außenpolitisch klöppelten sie emsig mit dem Moskauer
Vertrag (Aug. 1970), dem Warschauer Vertrag (Dez. 1970),
dem Viermächteabkommen über Berlin (Sept. 1971) und dem
Grundvertrag mit der DDR (Dez. 1972) an einer Normalisie-
rung mit dem Osten. Dafür bekam Willi 1971 den Friedensno-
belpreis angehängt. Innenpolitisch versuchte man der APO den
langen Marsch durch die öden Institutionen irgendwie reinzu-
würgen. Dafür ließen sie das darlehenslose Bafög springen,
asphaltierten den Second-hand-Bildungspfad und zauberten
die Gesamtschule aus dem Hut. Dummerweise bombten die
amerikanischen Superdemokraten schon seit Jahren die Vietna-
mesen in die Steinzeit zurück. Grund genug für die Apo-Freaks,
zoffartig auf den Putz zu hauen und demomäßig am Ball zu
bleiben.

Weil sich so ein dummbeuteliger DDR-Spion aus dem Hiwi-
klüngel Brandts 1974 beim Rumchecken greifen ließ, knallte
der edle Willi sofort die Kanzlerklamotten ins Korn. In fliegen-
dem Wechsel ging der Job an Helmut Schmidt (SPD). Old
Segelohr Hans-Dietrich Genscher (FDP) übernahm den Außen-
schmonzes, da Walter Scheel karrieremäßig voll nach oben auf
die Fresse fiel und Bundespräsident wurde (Abb. 107).

Abb. 106   Willi Brandt (links) spitzt Walter Scheel zur Koalition an.

Abb. 107   Schmidt (links) und Genscher wursteln sich weiter durch das Regierungsgedöns.

Abb. 108   Das Restrisiko sorgt für neue Action.

1975 wurden die Amis aus Vietnam gekantet. Bis dahin hatten die sozialliberalen Kompromißköppe aber schon so viele Atomkraftwerke (AKW) in die Botanik geklotzt, daß der Übergang zur hausgemachten Anti-AKW-Bewegung recht flüssig abschmirgeln konnte (Abb. 108).

So peu à peu dämmerte es aber immer mehr Sackgesichtern des in die Krise kommenden Wirtschaftswundervolkes, daß das lockere Verheizen von Mensch und Natur für niedere Profitgeilheit bald den ganzen Planeten unbrauchbar machte. Einige Aktivisten der Studentenbewegung tauchten in den Untergrund ab, um von dort aus die bewaffnete Revolution anzublasen. Mit Bonzenkidnapping und fetzenden Attentaten traten sie den kapitalistischen Imperialismusknechten frontal vors Schienbein. Die Baader-Meinhof-Bande oder Rote Armee Fraktion (RAF) wurde damit recht bekannt. Wie die Fische im Wasser (MAO), so wollten sie dabei im Volk rumturnen. Da das Volk aber keinen Bock auf Bürgerkrieg hatte, glichen ihre Actions mehr dem Storch im Salat. Als man sie schnappte, wurde extra für sie der Hochsicherheitstrakt in Stammheim hochgezogen. Man hielt sie offensichtlich für gefährlicher als die frei rumlaufenden, angepaßten Nazi-Massenkiller. Auch für die Beschneidung der eh' kümmerlichen Demokratie mußte die RAF herhalten. Der »Radikalen-Erlaß« sollte Kommunismusverdächtige aus dem öffentlichen Dienst ätzen. Im Zusammenhang mit der Nazi-Verfolgung sind solche Dinger nicht abgezogen worden. Wahrscheinlich hätte der öffentliche Dienst dann auch gleich dichtmachen können. Steigende Inflations- und Arbeitslosenraten, Ausländerfeindlichkeit, Umweltzerstörung und Wettrüsten führten vor allem bei den nachwachsenden Kids der späten siebziger Jahre zur Punk-Generation mit ihrem Null-Bock- und No-Future-Feeling (Abb. 109).

Gleichzeitig gab's da aber noch die Alternativbewegung, die das Ganze irgendwie anders machen wollte. Der alles ruinierende Zuspät-Kapitalismus ging ihr genauso auf den Senkel wie der real vegetierende Sozialismus. Was sie wollte, sollte auf jedenfalls echt dezentral, total kollektiv, absolut bio-dynamisch, biologisch abbaubar und mächtig vernetzt sein. Alles

Sachen, die z. B. Franz-Josef Strauß diametral gegen die Denkrichtung robbten. 1980 griff er mit seinen Wurstfingern erfolglos nach dem Kanzlerjob. Helmut Schmidt wurde wiedergewählt, und der dicke Bayer trollte sich, um weiter aus seinem Freistaat zu unken. Die Alternativen hatten inzwischen die Grüne Partei gegründet und trainierten verschärft das Überspringen der 5%-Hürde. Bockstark und schrill jumpte 1981 die Hausbesetzerbewegung in die politische Landschaft. Von Berlin aus schwappte sie bald ins Wessiland, um auch dort die Scheiben erklirren zu lassen (Abb. 110).

Abb. 109   Die No-Future-Kids schlurfen ihren Weg.

Abb. 110  Die Hausbesetzer halten die Bullen auf Trab.

# Undsoweiterundsoweiter Deutschland

Im Herbst 1982 züngelte die FDP mal wieder an der Waage, band sich erneut der CDU/CSU ans Bein und machte dadurch Helmut Kohl (CDU) zur Bundespfeife. Bei der Bundestagswahl 1983 fing sich diese Koalition die meisten Stimmen ein. Weiß der Draht warum. Wahrscheinlich war einfach nur ein Programmwechsel fällig. Die Grünen nahmen die 5%-Hürde und drückten sich jetzt auch im Bundestag rum. Angeturnt von christlicher Nächstenliebe (jeder ist sich selbst der Nächste), stutzte die neue Regierung sofort die Milliardengewinne der

*Abb. 111   Die normative Power der Facts.*

Rentner, Arbeitslosen und Sozialhilfeempfänger, um damit die kümmerliche Stütze für das Millionenheer der oberen Zehntausend etwas aufzumöbeln. Die geistig moralische Wende verkabelte die Daten, sicherte die Arbeitslosigkeit, baute gefühlsduseligen Sozialkiki ab, sponsorte gezielt den längst fälligen ökologisch-militärischen Overkill, zwang Ausländer raus und Neo-Nazis rein. Cool und gelassen tigerten Helmut Kohl und seine Komplizen optimistisch von Fettnapf zu Fettnapf, bis zur Bundestagswahl 1987, die sie erfolgsmäßig für sich einfahren konnten (Abb. 111).

Hans Eppendorfer
Barmbecker Kuß
21010

Karin Adrian (Hrsg.)
Mach mich nicht an
21005

Claudia Pütz (Hrsg.)
Geliebte, Tod und Teufelin
21011

Cynthia Heimel
Sex Tips für Girls
21012

Jochen Z.
Bekenntnisse eines
Ökoterroristen
aus dem Jahre 1988
21008

Bruce Feirstein
Starke Typen
schlafen einsam
21014

Paul Kirchner
Der Bus
21019

**GOLDMANN**

# goldmann blitz

Anton Gerhard Leitner
Gedichte über Leben
21013

Svende Merian
Von Frauen & anderen Menschen
21009

Claudia Pütz
Geliebte, Tod & Teufelin
21011

Laura Conti
Sara und Marco
21004

Hans Eppendorfer
Barmbeker Kuß
21020

Karin Adrian
Mach mich nicht an!
21005

**GOLDMANN**

# Junge Literatur

Saskia Vester
Pols Reise
8811

Hans Herbst
Männersachen
8846

Peter Glaser
Schönheit in Waffen
8870

Hans Kruppa
Nur für Dich
8869

Jörn Pfennig
Grundlos zärtlich
8836

**GOLDMANN**

# CARTOON

6991 6988 6986

6980 6974 6993

6983 6962 6953

# GOLDMANN

# Literatur aus Amerika

Kurt Vonnegut
Zielwasser
8633

Alice Walker
Meridian
8855

Truman Capote
Wenn die Hunde bellen
6811

Joseph Heller
Weiß Gott
8837

Joan Didion
Salvador
8969

John Fante
Ich – Arturo Bandini
8809

**GOLDMANN**

# Goldmann
# Taschenbücher

**Allgemeine Reihe**
**Unterhaltung und Literatur**
**Blitz · Jubelbände · Cartoon**
**Bücher zu Film und Fernsehen**
**Großschriftreihe**
**Ausgewählte Texte**
**Meisterwerke der Weltliteratur**
**Klassiker mit Erläuterungen**
**Werkausgaben**
**Goldmann Classics (in englischer Sprache)**
**Rote Krimi**
**Meisterwerke der Kriminalliteratur**
**Fantasy · Science Fiction**
**Ratgeber**
**Psychologie · Gesundheit · Ernährung · Astrologie**
**Farbige Ratgeber**
**Sachbuch**
**Politik und Gesellschaft**
**Esoterik · Kulturkritik · New Age**

*Goldmann Verlag · Neumarkter Str. 18 · 8000 München 80*

Bitte
senden Sie
mir das neue
Gesamtverzeichnis.

Name: _____

Straße: _____

PLZ/Ort: _____